永远是创业第一天

[美] 亚历克斯·坎特罗威茨（Alex Kantrowitz） 著

静娴 译

科技巨头保持领先的文化基因

中信出版集团

ALWAYS
DAY
ONE

How the Tech Titans
Plan to Stay
on Top Forever

［美］亚历克斯·坎特罗威茨 著
（Alex Kantrowitz）

杨静娴 译

永远是
创业
第一天

科技巨头保持领先的
文化基因

中信出版集团 | 北京

图书在版编目（CIP）数据

永远是创业第一天：科技巨头保持领先的文化基因 /
(美) 亚历克斯·坎特罗威茨著；杨静娴译. -- 北京：
中信出版社, 2021.7
书名原文：ALWAYS DAY ONE: How the Tech Titans
Plan to Stay on Top Forever
ISBN 978-7-5217-2947-4

Ⅰ.①永… Ⅱ.①亚… ②杨… Ⅲ.①高技术企业—
企业文化—研究 Ⅳ.①F276.44

中国版本图书馆CIP数据核字(2021)第046394号

永远是创业第一天——科技巨头保持领先的文化基因

著　者：［美］亚历克斯·坎特罗威茨
译　者：杨静娴
出版发行：中信出版集团股份有限公司
　　　　　（北京市朝阳区惠新东街甲4号富盛大厦2座　邮编　100029）
承印者：三河市科茂嘉荣印务有限公司

开　本：880mm×1230mm　1/32　　印　张：8.5　字　数：234千字
版　次：2021年7月第1版　　　　　　印　次：2021年7月第1次印刷
京权图字：01-2020-2794
书　号：ISBN 978-7-5217-2947-4
定　价：58.00元

致

所有正在为成功而不懈努力的人

目录

| 第三章 | **谷歌：桑达尔·皮查伊的协作文化**

| 第四章 | **苹果：蒂姆·库克和苹果难题**

| 第五章 | **微软：萨提亚·纳德拉和微软的东山再起**

| 第六章 | **凝望黑镜**

初遇扎克伯格

2017 年 2 月，马克·扎克伯格约我到加州门洛帕克市的总部会面。这是我第一次有机会和这位脸书（Facebook）首席执行官坐下来面对面地交谈，而这场谈话和我原本的想象大相径庭。

当时，他的公司又深陷巨大的争议之中。脸书公司一方面大力发展自己的产品，一方面又不愿意对其严加控制，因而其平台上充斥着虚假信息、危言耸听的内容和暴力影像。扎克伯格似乎准备好谈论这些问题，而我则热切地希望可以聆听对方高见。

脸书总部大楼是一座巨大的开放式混凝土建筑，颇有些令人望而生畏。它共有九个大厅，需要通过两重安保，在进入前，警卫还会要求你先签一份保密协议。进入大楼后，我走向坐落在其正中心的一间玻璃墙会议室，扎克伯格正在里边开会。在他和首席运营官谢丽尔·桑德伯格结束谈话后，他把我和我的编辑马特·霍南一起请进会议室，我们就在每个路过的人都能看得一清二楚的会议室里开始了交谈。

扎克伯格此前一直在努力撰写他的"声明",这份声明长达5700字,对那些给其带来巨大麻烦的内容进行了全面的回应,提纲挈领地介绍了脸书在用户生活中广泛的应用。[1] 会面之前,我原本预计这将是一次典型的首席执行官说明会:主办方先发表一个讲话,随后是有限的提问时间。但在简单概述之后,扎克伯格开始询问我们的意见。他问道:"在我们的说明中,你觉得哪些内容没有讲清楚?我们有没有漏掉什么?"

在我回答时,扎克伯格专心致志地听着,一动不动,全神贯注。他首先是对我建议脸书应该更多谈论它所拥有的力量温和地表示了反对,随后又予以承认。这清楚地表明,他询问我的反馈不是做做样子。我以前从未见过一个首席执行官这么做,更不用说一个以固执著称的首席执行官了。这种感觉完全不一样,值得探究。

我们的会面结束后,我四处打听,询问人们如何看待扎克伯格对反馈极度渴求这件事。他经常这样做吗?他是否也向你寻求过反馈?几经询问,我找到了答案:他对反馈的寻求只反映了他对脸书管理方式的冰山一角。扎克伯格已经将反馈文化深深地融入了脸书的血脉当中。在所有重要会议的最后,与会者都要提供反馈。脸书的办公区到处张贴着海报,强调"反馈是一件礼物"。公司里没有人能凌驾此之上,就连扎克伯格本人也不例外。

作为一名硅谷的科技记者,我得以长期近距离观察诸多科技巨头,看到它们以打破常规的方式占据行业领军之位。苹果、亚马逊、脸书、谷歌和微软等科技巨头并没有遵循典型的企业生命周期——高速成长、增长放缓、止步不前和逐渐僵化，而是随着时间推移日益强大。除了苹果（稍后会做更多分析），这些公司几乎没有显露出任何疲态。

在追踪这些行业巨头的过程中，我被它们非同寻常的内部做法深深震撼。例如，采访过无数首席执行官之后，我曾经确信，世界上最顶尖的首席执行官都是天生的销售精英，他们利用自己的个性魅力把别人聚拢在自己周围。但看看扎克伯格，以及亚马逊的杰夫·贝佐斯、谷歌的桑达尔·皮查伊和微软的萨提亚·纳德拉，你会发现：这些经验丰富的工程师更热衷于提供支持，而不是发号施令；他们更善于提出问题，而不是给予答案；他们并不急于推销，而是倾听和学习。

在这次门洛帕克会面之后，我开始更广泛地挖掘科技巨头的内部运作方式，审视它们的领导实践、企业文化、技术和流程，我想搞清楚它们的成功与独特的运营方式之间是否存在联系。随着共同的模式逐渐浮现，这种联系变得无法否认。于是我开始着迷于揭示它们到底做了哪些非同一般的事，以及为什么这样做会给它们带来成功。经过130多次采访，耗时两年多的时间，这本书成为此次探索的产物。

你随后将要读到的是一个"秘方"，那些科技巨头正是凭借这个秘方，实现并维持了其主导地位。本书的主题是企业文化和领导力，但从更广泛的意义上看，它所讲的是创意与创新，以及二者之间的路径。本书探索了一种顺应当今时代的全新商业模式。在这个时代，企业不得不快速推出新产品，因而挑战无时不在，没有任何优势能确保你高枕无忧。这些科技巨头抢先一步找到了这个成功的秘方，并依赖一系列内部技术将这种不同寻常的经营方式付诸实践，而这些技术主要是由其自己打造的。现在到了向大家公布这个秘方的时候了。

本书所详尽介绍的公司并不完美，事实上，它们离完美相去甚远。在毫无节制地追逐增长的过程中，它们竭力压榨员工，对明显的技术滥用行为视而不见，并大肆打击内部的真诚异见。这些过分的行为导致美国政府考虑实施监管，政界人士也呼吁将其拆分（在很大程度上，这种要求无可厚非）。因此，我在此事先声明：本书的重点既不是增长，也不是增长黑客或是消灭小公司，而是聚焦于打造创新型文化，我相信这会令每个人从中受益。对希望约束这些公司的人来说，了解其内部系统的运作方式，将成为一种战略优势。为了有效地诊断疾病，医生不仅需要了解症状，还要了解病人身体的整体状况。

如果这些科技巨头的知识仅仅为其自身所掌握，那么其所处的商业世界，以及负责审查它们的监管机构，将处于不利地位。现在，我们将有机会使比赛更加公平。

绪言

每天都像"创业第一天"

2017 年 3 月，在亚马逊的全体员工大会上，[1] 容光焕发、信心满满的杰夫·贝佐斯站在数千名员工面前，他面前有一大沓便条，这些都是员工们事先提交的问题，他拿起了其中一个便条，以略带失望的口吻说道："好吧，我认为这是一个非常重要的问题——第二天（Day Two）会是什么样子？"

在过去的 25 年里，贝佐斯一直鞭策自己的员工，要求他们工作时把每天都当作亚马逊的"创业第一天"。现在，亚马逊的估值已经接近 1 万亿美元，员工人数也以每年约 10 万名的速度不断增长，因此，一位（或许是满怀希望的）员工提出问题，希望贝佐斯想象一下"第二天"的情景。

"'第二天'是什么样子？"贝佐斯问道，"一旦进入'第二天'，你就会停滞不前，紧随其后的就是被边缘化，再接下来就是充满折磨和痛苦的衰落，并最终走向死亡。"

　　会场上爆发出一阵大笑声。对参加大会的数千名亚马逊员工来说，亲眼看到贝佐斯手撕他们这位勇闯亚马逊"第三轨道"[①]的不知名同事是一大乐事。掌声中，贝佐斯略作停顿，露出了一丝笑容，然后以下面这句话结束了会议："这就是为什么我们要做到每天都像'创业第一天'。"

　　"创业第一天"的口号在亚马逊随处可见。公司的一座重要建筑物以此命名，公司博客以此为标题，贝佐斯每年致股东的信中也反复出现这一主题。尽管它很容易被解读为一个要求大家永不停歇地工作的命令，在因驱使员工努力进取而声名狼藉的亚马逊更是如此，但它其实拥有更为深远的含义。

　　亚马逊的"创业第一天"原则是指像一家初创企业那样进行创新，而不是受制于既有的遗产。它坦率地承认，得益于人工智能和云计算的进步，今天的竞争对手能够以创纪录的速度开发出新的产品，因此最好全力创建未来，哪怕这意味着以牺牲现在为代价。这与曾经在我们的经济中占据统治地位的通用汽车和埃克森美孚等企业巨头的经营理念背道而驰，后者的做法是发展核心优势，然后独善其身，并不惜一切代价保持这些核心优势。依赖现有业务不断壮大已不再是一个好的选择。在 20 世纪 20 年代，《财富》500 强公司的平均寿命为 67 年。

---

① 铁路上的第三轨因承载高电压，如果不慎接触，将触电甚至丧命。因此，第三轨道通常指在政治上或组织内极具争议的问题，不能碰触，任何触碰此类问题的人将不可避免地付出昂贵代价。——译者注

到了 2015 年，这些公司的平均寿命已经降为 15 年。² "第二天"是什么样子？它看起来很像死亡。

以在线图书销售起家的亚马逊一直信守着"创业第一天"的口号，它纵情于创新业务，几乎完全无视创新业务可能对自己现有的收入来源形成挑战。该公司目前仍然是一家书商，但也是包罗万象的产品交易中心，几乎囊括所有你能够想象到的产品。同时它还是一个蓬勃发展的第三方市场、一个世界级的仓储运营中心、一个制作奥斯卡获奖影片的电影工作室、一家杂货电商、一家云服务供应商、一个语音计算操作系统服务商、一个硬件制造商以及一家机器人公司。在每一次成功创新之后，亚马逊都会归零，重新回归创业第一天，开始寻找下一个创新点。

"我拥有大量亚马逊股票，"马克·库班^①在 2019 年 7 月告诉我，"根据它今天的表现，我拥有的亚马逊股票实际价值可能高达 10 亿美元。而我之所以持有这些股票，是因为我将亚马逊视为世界上最伟大的创业公司。"

环顾当今的科技巨头，你会发现它们都有着相似的发展路径。谷歌最初只是一个搜索网站，但后来发明了浏览器扩展程序 Stay

---

① 马克·库班（Mark Cuban），美国最知名的投资人之一。他早年创立网络公司 Broadcast. com，得到了很好的发展，1999 年他将 Broadcast. com 以 59 亿美元的天价卖给了雅虎公司，从而成为巨富。他现拥有美国男子职业篮球联赛（NBA）达拉斯独行侠队等众多资产。——译者注

Tuned、浏览器 Chrome 和谷歌语音助理，并孵化了领先的移动操作系统安卓。谷歌的每个新产品都会挑战其现有产品，但是通过反复回到创业第一天的状态，谷歌一直保持着领先地位。

脸书已经多次回归"第一天"的状态。这家公司从推出在线目录开始，通过新闻订阅来完成重塑，它在今天再度创新，从广播共享转向好友共享，将重心从 News Feed（信息流）转向 Facebook Groups（一系列更私密的小型网络），并将即时通信置于战略核心位置。尽管社交媒体是所有行业中最变幻无常的一个行业，脸书目前仍然保持着领先地位。

曾经一度，微软不断创新的时代似乎已经结束。这家公司曾经严重依赖 Windows 业务，以至于几乎将未来拱手相让。但随着史蒂夫·鲍尔默将微软的领导权交棒给萨提亚·纳德拉，微软重新回到了创业第一天。它拥抱了云计算这一对 Windows 等桌面操作系统构成威胁的技术，并再次成为全球市值最高的公司。

苹果在史蒂夫·乔布斯的领导下开发出 iPhone，这款智能手机让 Mac 这样的台式计算机和 iPod 这样的便携式音乐播放器变得不那么必要，但它同时也为苹果公司多年的成功奠定了基础。今天，苹果迎来了它的 Windows 时刻。它必须抛弃以 iPhone 为本的观念，重塑公司，并投入语音计算时代的竞争。

在亚马逊位于西雅图的南湖联盟办公区，一座最新的建筑被命名为"重塑"（Reinvent）。对全球最成功的一家公司而言，这是一个颇为奇怪的词。不过，在当今的商业世界中，第二天或许就意味着死亡，因此这个词是活下去的关键。

创意与执行

经营一家创新型公司需要的不仅仅是华丽的演讲和内部信息传达，它需要重新想象经营企业的方式。得益于人们工作方式发生的革命性改变，这一点终于有可能成为现实。

目前的工作可以分为两种类型：创意性工作和执行性工作。

创意性工作的核心是创造新生事物：想象出新的事物，搞清楚你如何将它们创造出来，然后放手去做。

执行性工作的核心则是在这些新事物被构想出来之后，开展具体工作来实现它：订购产品、输入数据、结账、维护。

在工业经济中，几乎所有的工作都是执行性工作。一位公司创始人先想到一个点子（我们做点什么吧！），然后招募员工专门负责落实执行（他们会在工厂里制造这些东西）。

在20世纪30年代末，我们开始从一个由生产主导的经济转变为一个由创意主导的经济，我们称之为"知识经济"。

在当今的知识经济中，创意固然重要，但我们的大部分时间还是花在执行性工作上。我们开发新的产品或服务，然后花时间执行它，而不是接着构想出其他产品。例如，如果你的企业销售女装，那么每一个设计都需要大量的执行性工作来实现：定价、采购、库存管理、销售、营销、运输和退货。同时，为了实现这些流程，还需要大量额外的辅助性工作，包括人力资源、合同和会计等基本职能。

繁杂的执行性工作使得拥有一项核心业务的公司几乎不可能发展另一项核心业务，克莱顿·克里斯坦森将其称为"创新者的窘境"。那些曾经做过尝试的人几乎总是铩羽而归，发现他们不可能同时维持多个业务。俄亥俄州立大学的经济学家内德·希尔教授以冰箱和机车为例向我解释说："在过去，通用汽车不仅制造汽车，还制造许多其他产品，就像一条八爪鱼一样触手繁多，却根本无法对其进行管理。"

由于深陷执行性工作当中难以自拔，今天的公司致力于完善而非创新。这些公司的领导者可能也希望发扬创新文化，但他们没有足够的精力。因此，领导者们只能从上至下地提出一套有限的想法，其他所有人则都致力于对其加以执行和完善。

但是现在，经营一家拥有创新文化而非完善文化的公司突然成为可能。人工智能、云计算和协作技术的进步，使得以更少的执行性工作来支持现有企业成为可能，这有助于企业将本不存在的创新想法变为现实，并维持这些新业务。工作软件爆炸式增长的最新浪潮使公司变得更有效率，而人工智能的发展则正在将工作效率推向极致。专家表示，人工智能将解放人类，使他们能够开展更多"创造性"或更"人性化"的工作。但更准确地说，人工智能使他们能够做更多的创新性工作。我相信，这正是科技巨头成功的关键因素。

在大力推动新一代使能技术（Enabling Technology）不断向前发展的同时，科技巨头已经找到尽可能减少执行性工作的方法，从而为新创意的涌现腾出了空间，并成功将这些创意变为现实。因此，它

们的文化支持创新，而不是完善。它们消除了阻止创意在公司内部流动的障碍，并将那些创意变为现实。这一点从理论上讲很简单，但实践起来则很复杂，而这正是它们获得成功的原因。

曾经有一段时间，我深信科技巨头会将其拥有的优势保持多年，直到后来，我去了一趟迈阿密。

迈阿密奇迹

席洛·格林①可能从来没有想过自己会在企业活动上献唱，2018年10月，这位身材魁梧的高音歌手接下了这样一单业务，为1100名挂着胸牌的职场精英献艺。这些人齐聚在迈阿密海滩的LIV夜总会，有人在闲谈，有人则在看手机，每个人都在努力拓展自己的人脉网络。

---

① 席洛·格林（Cee Lo Green）是美国老牌 hip-hop 团体 Goodie Mob 成员。
　——译者注

面对薄薄的牛腩片、墨西哥辣椒奶酪通心粉和蓝蟹意大利烩饭，挂着胸牌的嘉宾们大快朵颐，推杯换盏。舞台上的格林也不忘找点儿乐子，他随兴哼着一首自己的热门歌曲，这首歌叫《去你的》，在公开播放时歌名被改成了《忘记你》，他开始拿嘉宾们的成就开涮。"你们觉得自己的人生美满成功，对不对？"身着白色连体衣、戴着墨镜的格林边在舞台上四处游走边大声说道。

随着《去你的》的前奏响彻 LIV，观众顿时沸腾起来，满面笑容的格林更加兴奋，大声喊道："如果你知道自己想要对什么大声说'去你的'，现在正是时候！"顿时，场内此起彼伏地回响起"去你的"的喊叫声。

格林在 LIV 的表演本来没什么特别之处，但值得一提的是，它是 UiPath 公司 ① 主办的一次会议的开场表演。UiPath 是一家鲜为人知的公司，它的软件可以在你工作时监视你的屏幕，并通过一些标签，使的工作自动化。在未来几年里，UiPath 和同类公司有望实现数百万个工作岗位的自动化，这或许使得这场"去你的"的大合唱有点儿刺耳。

在这次表演前几个月，我就听到坊间传闻，称 UiPath 有可能改变公司工作的方式，从而使主流商业界更加接近科技巨头们的工作方

---

① UiPath 是一家成立于罗马尼亚，总部位于纽约的 RPA 解决方案供应商，主要为企业提供全套软件平台，帮助企业有效实现业务流程自动化，在全球 200 多个国家拥有超过 40 万用户，培育了全球最大的 RPA 社区。——编者注

式。那年的初秋，投资者曾对该公司慷慨投资 2.25 亿美元，³ 随后，我就决定要带上我的笔记本去南岸看看到底是怎么回事。

我了解到，UiPath 使在计算机上完成的日常工作能够简单地实现自动化。它的软件可以观察人们鼠标的移动和点击情况，并在一定的指导下，找出如何执行你的任务。UiPath 的"机器人"（没有实体存在）可以承担看似无限量的执行性工作，包括输入数据、生成报告、填写表格、编写模拟文档，以及将这些文档发送给指定的接收者。仅在人力资源部门，这些机器人就可以编写标准的新员工招聘信；在各种福利制度中注册登记新员工；在解雇员工的时候，还可以撰写解雇信。

此类执行性工作正是数以百万计职场人士的主要工作内容。一些全球最知名的雇主，包括沃尔玛、丰田、富国银行、联合健康集团和默克（Merck），也现身迈阿密，了解如何实现上述工作的自动化。

日本的三井住友银行表示，它已经部署了 1000 台 UiPath 机器人，并计划在一年内再增加 1000 台。沃尔玛智能自动化主管阿诺普·普拉桑纳则对 UiPath 自动化工作的能力大加赞扬，他唯一的遗憾是自己无法足够快地在公司全面利用这项技术。霍莉·尤尔在汽车保险公司负责自动化工作，她告诉我，在过去 17 个月里，UiPath 已经为她的公司节省了 3.5 万小时的人工工时，而且这个数字还会进一步提高。

这次庆祝会上最大的新闻是 UiPath 的过程自动化技术将与机器学习（一种人工智能的形式，可以做出各种面向未来的决策）更深入地进行整合，从而产生一些令人惊叹的结果。谷歌机器学习和人工智能合作负责人纳雷什·文卡特（Naresh Venkat）展示了这些可能性，他演示了谷歌的机器学习技术如何与 UiPath 的自动化技术相结合，在没有明显人工介入的情况下处理保险索赔。

文卡特在台上播放了一段视频，在那段视频中，有人将受损车辆的照片上传到一家保险公司的网站上，谷歌的机器学习系统对这些照片进行了审查，并确定了维修所需的费用。随后，UiPath 在 Salesforce（一家客户关系管理软件服务提供商）中打开了一个客户文件，创建了一个包括保险赔偿金额的事故报告，用微软的 Word 软件写了一个基本评估文档，并将评估结果通过电子邮件发送给客户和保险公司代表。

文卡特略带不安地表示："一大部分现在可能需要人去做的工作都可以自动完成。过去，处理一桩索赔需要 12 天，而现在只需要 2 天。过去需要花 2000 美元走完的流程现在只需要花 300 美元。"

像 UiPath 这样的机器人流程自动化（RPA，Robotic Process Automation）公司还有好几家，随着目前对此类需求日益增长，这些公司也应运而生。在迈阿密会议后不到两个月，UiPath 的主要竞争对手之一 Automation Anywhere 获得了软银 3 亿美元的投资。[4] 谷歌也并不是唯一一家发展人工智能决策能力的公司，其他公司，比如微软、IBM、DataRobot 和 Element.ai 等诸多公司，也在发展类似的能力。

鉴于将这项技术推向大众的努力获得如此广泛的参与和充足的资金支持（加上市场对这项技术存在显著的需求），自动化可能很快将被引入全球各地的工作场景，并大规模承担执行性工作。

弗雷斯特研究公司（Forrester Research）[①]的分析师克雷格·勒克莱尔主要追踪自动化的最新动态，他告诉我："人们已经通过机器学习不断降低决策成本，并有可能使其接近于零，最终，人们将面对完全不同的工作场景。"

对沃尔玛和富国银行这些聚集在迈阿密的企业而言，它们似乎也不知道这个不同的工作场景到底会是什么样子。它们渴望将自动化和人工智能应用到工作场所中，但现在还只是刚刚开始谨慎尝试。它们和今天我们多数人一样，意识到人工智能的浪潮即将到来，但不确定它究竟将如何改变我们的工作、我们的公司和我们的经济。

然而，在其他一些公司中，这种"未来工作场景"已经成为现实，而它们的调整方式可以帮助我们了解我们前进的方向。

工程师思维模式

这项技术已经成为科技巨头内部的常规做法，而且这种技术已经使用多年。这些公司拥有世界上最领先的企业人工智能研究部门，因而它们不仅在产品中，而且在工作场景中也应用了机器学习。这项技

---

① 弗雷斯特研究公司创建于 1983 年，1996 年在纳斯达克上市，是一家独立的技术和市场调研公司，针对技术给业务和客户带来的影响，提供务实和具有前瞻性的建议。——编者注

术与其他先进的工作场景工具一起，大大减少了其员工承担的执行性工作，从而使他们拥有更多时间去想新点子。

为了将这些新点子变为现实，科技巨头们还不得不重新思考如何运营一家公司。由于背负着大量的执行性工作，今天的众多公司通常会从高层传递下来一些想法，然后专注于兜售这些想法。这就是为什么"富有创见"仍然是对今天的首席执行官的终极赞美。一家公司的成功通常取决于公司及公司的核心管理层所提出的构想。

不过，贝佐斯、扎克伯格、皮查伊和纳德拉并不以富有创见而见长，他们更像促进者。作为亚马逊、脸书、谷歌和微软的掌舵人，他们的使命是把员工提出的想法，而不仅仅是自己的构想，变成现实。他们已经为此搭建了系统。这些首席执行官都是工程师出身，而不是全球领军公司中常见的销售或财务背景的领导人，而他们搭建的系统正是源自他们的工程师背景。我认为，他们所建立的创新性文化的核心可以称为工程师思维模式。

工程师思维模式是一种思考问题的方式，而不是一种技术能力，这种思维模式支撑了一种建设、创造和创新的文化。它基于工程师惯常的工作方式，但并不局限于公司内的任何岗位或级别。工程师思维模式主要有以下三大应用。

民主式创新

工程师一直需要创新。他们的工作是创建，而不是销售。采用工程师思维模式的人会意识到，创新性的想法可以来自任何地方。他们建立了将这些构想传递给决策者的途径，并开发出相应的系统，以确保这些构想一旦获得批准，即可获得成功。

在下一章中，我们将探讨杰夫·贝佐斯如何建立一个旨在激发民主式创新，并使亚马逊永远拥有创业第一天的活力系统，从而使其员工迸发出无穷的创造力。

无约束等级结构

工程师型思维的组织天然就是扁平化的。尽管他们也有等级制度，但人们觉得自己有权直接找到级别最高的人，明确说出自己的想法。这是对传统组织的一种背离，在传统组织中，向领导链上端的人提出自己的想法往往会被视为不尊重等级制度。

在第二章中，我们将深入脸书，探索扎克伯格如何通过他的反馈文化将想法从等级制度的束缚中解放出来。在脸书，员工会直接将想法提交给扎克伯格，而扎克伯格会对此进行处理，择其可行者付诸实践。我们还将研究，他的反馈系统在 2016 年总统大选前是如何崩溃的，当时脸书公司被操纵大选的企图打得措手不及，虽然它本应能够预料到这种情况。此外，我们也将研究扎克伯格如何引入新的"输入项"，以努力修复这个问题。

协作

工程师的工作通常是某个重要项目的组成部分，如果他们负责的这一小部分出现问题，将会导致整个项目毁于一旦（你可以设想电网的运作情况）。这使工程师成为促进合作的高手。他们需要定期与其他小组进行沟通，以确保工作同步。这种心态非常适合把公司的不同部门凝聚在一起，共同创造新事物。

在第三章中，我们将深入谷歌内部，一睹桑达尔·皮查伊是如何将公司各部门的人凝聚在一起，共同进行创新的。我们将特别关注打造谷歌助理（Google Assistant）时的协作，这一协作涉及谷歌的多个部门，例如搜索、硬件、安卓和人工智能团队。不过，皮查伊使用的先进协作工具在确保员工可以共同工作的同时，也导致了谷歌内部出现小团体主义、相互攻击和更普遍的各执己见，谷歌公司及其员工仍在学习如何应对这些问题。

在第四章中，我们将审视蒂姆·库克领导下的苹果公司，公司的运营停留在了围绕一个富有创见的领导者建立的企业文化层面上。相对而言，苹果是一家缺乏民主式创新、无约束等级制度、自由流动的协作以及有效内部技术的公司。它被卡在了"第二天"，随着 iPhone 销售放缓，它将不得不做出调整。

在第五章，我们将深入微软内部。在微软，萨提亚·纳德拉摒弃了他的前任史蒂夫·鲍尔默的做法，正借助工程师思维在公司内部开启一个创新时代。他是一个绝佳的案例，表明本书阐述的系统所具

民主式创新　　　　　无约束等级结构　　　　协作

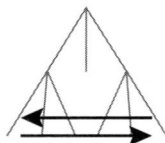

备的优势。

工程师思维模式并不仅仅局限于那些会写程序的人。毕竟，这是指一种思维模式，而不是指一系列计算机技能。它也不仅仅局限于科技业的巨头，小型公司同样可以有效地应用这种思维。但就目前而言，科技巨头在这一方面仍处于遥遥领先的地位，尤其是相对于其科技业的同行。例如，网飞（Netflix）也建立了反馈文化，[5]但这种文化并不能激励创新；特斯拉（Tesla）的构想来自最顶部的创始人；[6]而优步（Uber）的文化也是出了名的问题重重。[7]

本书将解锁工程师思维模式，描述这种思维模式如何成为贝佐斯、扎克伯格、皮查伊和纳德拉建立起的系统的基石，帮助他们推动想法的产生并付诸实践。这种思维模式很快将成为全球成功企业的标准。通过阅读科技巨头的故事，你将了解世界顶级企业是如何应用这种思维的，从而为你提供一个可以应用于自己工作场景的模型。我衷心希望你会发现有些经验值得一学。

世界正在加速运转

随着不断和那些沉浸在工程师思维模式的人展开对该思维模式的讨论，我越来越清晰地认识到当今商业世界的现实。苏加尔·帕特尔是一位训练有素的工程师，他曾成功带领数据存储公司 Isilon Systems 完成了 22.5 亿美元整体出售。在与他的一次谈话中，他阐述了以下几点：如果你是今天的一名企业家，并且试图将你的想法推向市场，你要做的就是说服 500 位风险投资家中的一位，让他相信这是一个好点子，然后你会得到钱来将它变成现实。但你如果身处一家传统公司，有一个想法，那么需要先告诉你的上级，如果他喜欢这个想法，他会报告给他的上级，如果他的上级也喜欢这个想法，他就会报告给他的上级，直到这个想法传达到最高层。在整个过程的任何环节，只要有人说了"不"，这个想法就会消失在公司的泥沼中。而在这一漫长的汇报中，一个创业者则可能已经把想法付诸实践了。

"我在公司里一直在思考，我应如何确保那些有机会成功的想法有机会出头。"帕特尔说道，"任由它们通过等级链层层上报显然是死路一条。"

图 1 为世界银行发布的一份研究报告，列出了从 2005 年到 2017 年开办新公司所需的成本和时间。在这 12 年里，上述两个因素都减少了一半以上。在读到这篇文章时，我想起了帕特尔的例子。如果说在过去，缺乏让好想法出头的系统是一个缺陷，那么到了今天，它已经会威胁到企业的生存。一方面，传统公司受到初创公司的威胁，

后者目前能够比以往任何时候更快、更便宜地进入市场。另一方面，它们也受到一些既有公司的威胁，这些公司能够像初创企业那样运作，通过内部技术剥离执行性工作，并将组织内部生成的创意付诸实践。

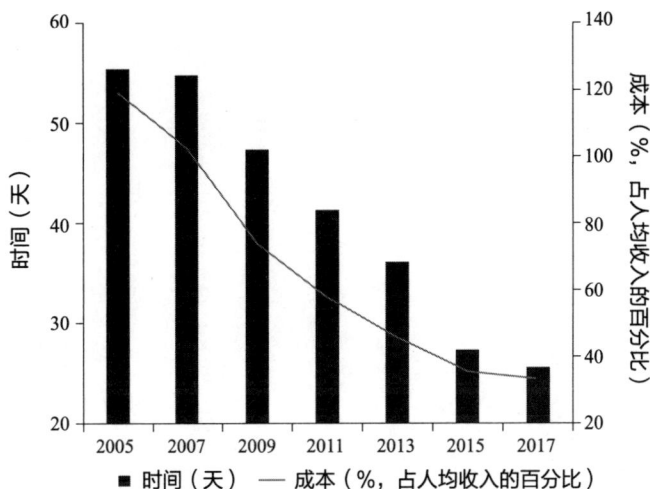

图 1　创办一家企业的时间和成本

我相信，本书的问世恰逢其时，因为我们正处于一个变革的时代，无论是工作、领导力，还是整个商业世界的基本面，都正在发生剧烈变化。我希望阅读本书的你，不管在公司内部处于什么位置，在读完本书后都能更清晰地了解未来的发展方向以及你应如何做出应对。毋庸置疑，本书中提到的多位首席执行官在过去多年来一直饱受公众诟病，这种诟病的根源是人们对其公司的规模和所拥有的权力，以及对上述两者的滥用感到不安和怀疑。这一点恰恰说明，以负责任的态度来实践他们所采用的方法极其重要。不过，我希望通过阅读他们的故事，你会发现这些方法并不神秘，而是可以为我们所用。而如果它们能够被广泛地加以谨慎使用，也许我们会发现，我们所处的经济环境将更加平衡。

第一章

亚马逊：杰夫·贝佐斯的
创新文化

　　亚马逊在西雅图的总部与硅谷庞大的科技园区几乎没有任何相似之处。这家公司并没有隐身于舒适且私密性高的郊区，而是将办公地点设在了仍在建设之中的南湖联合区的中心。它的建筑均以项目代码命名，如代表 Echo（回声）① 的多普勒（Doppler）和代表 Kindle 的菲奥娜（Fiona），这些建筑鳞次栉比，整齐地排列在南湖联合区的街道上，有超过 5 万名员工在其中办公，并且新的建筑物还在兴建当中，以便容纳更多员工。在工作日，成群结队的亚马逊人穿行在街道上。穿过街上熙熙攘攘的人群，你将可以直接进入公司最有前途的一

---

① Echo（回声）是 2014 年 11 月亚马逊推出的一款全新概念的智能音箱。这款产品最大的亮点是将智能语音交互技术植入传统音箱中，由一个被称为 Alexa（亚历克斯）的语音助理像朋友一样与用户交流，并完成为用户播放音乐和新闻、网购下单、叫车、定外卖等功能。——译者注

个创新实验点。

杰夫·贝佐斯的办公室位于"创业第一天"大厦,这座楼的第一层,是亚马逊正在试验的一种新的便利店形式,它被称作 Amazon Go,是一个不用结账的便利店。要从 Amazon Go 买东西,你需要先用一个应用程序扫码入店,然后进店挑选你想买的东西,拿上东西就可以直接离开。几分钟后,亚马逊将把账单推送到你的手机上,记录你拿走了什么物品。Amazon Go 不需要排队,不需要等待,也不需要收银员。让人感觉仿佛进入了未来时代,而这很可能正是未来的现实。

Amazon Go 展示了一些令人印象深刻的技术,很多技术设备你抬头就可以看到。它的天花板上布满了摄像头和传感器,当你在货架间走动时,它们会指向各个方向并捕捉你的身体动作及运动轨迹。使用计算机视觉(computer vision)(机器学习的一个子集),Amazon Go 可以识别出你是谁,你拿了什么物品,你把什么放回了货架。然后它会据此向你收费。尽管我尝试用各种方法欺骗它,但它几乎总是能够准确地识别出我拿走了什么。无论我试图把东西藏起来,还是以最快的速度跑进跑出(在商店的停留时间共计 16 秒),Amazon Go 都不会错过任何一件物品。

不过,Amazon Go 的背后不仅仅是硬件和代码,最重要的一点是,它是亚马逊独特文化的产物,而后者是你无法一眼得见的东西。在亚马逊内部,贝佐斯已经将创新变成了一种习惯,让创造 Amazon Go 这样的新体验成为公司的业务核心,像维护其著名网站一样重要。从最高层到最低层,每个亚马逊人都在创新,而贝佐斯则尽他所能地将一切自动化，以便使员工能够实现更多创新。这位亚马逊的创始人兼首席执行官不仅鼓励创新，还创建了一个系统来促成大量创新，并让它们在亮相时能获得最大的成功机会。例如，Amazon Go 的最初创意是一个巨大的自动售货机，但经历了贝佐斯设计的系统过程打磨之后，它变成了一个有可能改变人们购物方式的新生事物。

贝佐斯的创新文化让人们可以与智能音箱、微波炉和时钟交谈，所有这些设备都嵌入了智能语音助理亚历克斯（Alexa）。此外，这一创新文化还使人们能够在屏幕上阅读电子书，在云端建立公司，在互联网上随意购物。也许很快，它还能使我们无须在收款台结账就能走出商店。

亚马逊全球消费者首席执行官、贝佐斯的副手杰夫·威尔克（Jeff Wilke）对我说："创新是他的动力源，是他聪明才智的来源，也融入了公司的血脉之中。在我的记忆里，他最快乐的时候，就是看到某项发明、远见、创新或是看到开拓性想法的时候。"

贝佐斯通过 14 条领导力准则推动亚马逊的创新文化。[1] 大多数亚马逊人坚定地奉行这些准则，甚至超过了他们自己的宗教信仰，这有时会让人觉得亚马逊像是一个邪教。这些准则指导着公司内部的决策，在面谈过程中被不断反复强调，它们还会自然地出现在亚马逊人业余时间的交谈中。如果你在亚马逊工作，领导力准则将成为你自身的一部分。这些准则会让你难以适应其他公司的工作，这就是为什么许多前亚马逊员工甘愿吃"回头草"，在离开公司后会选择再度回归。一位前雇员告诉我，他正在向自己的孩子教授这些准则。

越是研究贝佐斯的领导力准则，就越会清楚地发现，这些准则实际是一套创新指南。综合起来看，它们会激发新的想法，剔除公司中那些经常阻碍最佳构想的垃圾，并确保任何有机会成功的东西最终都能有出头之日。

以"想得远大"（Think Big）为例，这个准则鼓励亚马逊人构想公司下一个伟大的产品、流程或服务。更关键的是，它还赋予员工这么做的空间，从而摒弃了禁止越线的管理方法。这条领导力准则指出："从小处思考只能自我满足。领导者大胆提出并阐明大局策略，由此激发良好的成果。他们从不同角度考虑问题，并广泛寻找服务客户的方式。"

创新和简化（Invent and Simplify），这个准则使创新成为亚马逊员工工作的核心要求，而不是外围要求。它指出："领导者期望并要求创新和发明。他们了解外界动态，四处寻找新的创意，不存在'这不是我的菜'这种限制。"

（对这个领导力准则更真实的解读是：你在亚马逊的全部意义就是进行创新。如果你不进行创新，你的工作就会被简化，然后被自动化。在亚马逊，你要么创新，要么走人。）

崇尚行动（Bias for Action），这个准则鼓励亚马逊人尽快推出新产品，并避免冗长、拖拉的研发过程。这条准则指出："很多决策和行动都是可逆的，因此不需要进行过于大量的研究。我们提倡冒可以计算出来的风险。"

（一位亚马逊员工希望让自己的工位有更大的空间，于是他带了一把锯子到办公室，把自己的桌子锯下了一大块。当管理层找他谈这件事时，他提出这正是遵循了"崇尚行动"的准则。）

敢于谏言，服从大局（Have Backbone; Disagree and Commit），这一准则鼓励亚马逊人在勇于表达反对意见后，并不会拖决策的后腿，从而消除行动的瓶颈。这条准则指出："领导者必须能够尊重他们无法苟同的决策，哪怕这样做让人心烦意乱，筋疲力尽。一旦做出决定，他们就会全身心地致力于实现目标。"

（一位前雇员回忆说，贝佐斯非常不喜欢把客户问答放在产品页面上，但他告诉团队按照他们的意见去做。现在，这些问答已经成为亚马逊的主打内容。）

顾客至上（Customer Obsession），这条准则将客户置于最高位置。准则指出："领导者从客户入手，再反向推动工作。虽然领导者会关注竞争对手，但是他们更关注客户。"

（亚马逊对客户的极度关注已经成为一个重要因素，导致公司追求私下经济交易、反竞争行为和对员工的过度压榨。这些行为有助于降低价格和改善服务，而二者通常都带来了无形成本。）

如果某项创新对亚马逊的客户来说不够好，它就会被回炉重新设计。"Amazon Go 商店的魔力来自这样一个事实：你进入商店后，可以直接走出去，"一位 Amazon Go 项目组的成员告诉我，"（自动售货机的创意）并没有解决你还得结账的问题，它只是把问题推到了最后面。"所以这个创意没有被批准。

贝佐斯发现了一些重要的东西。在当今科技驱动的经济中，创新已经成为必须，而不仅仅是锦上添花。在一个由代码驱动的世界中，创造的成本比以往任何时候都低，因而竞争对手可以相对轻松地复制你的现有业务。为了生存，你需要不断创造出下一个划时代产品。因此，贝佐斯已经动员起每一位亚马逊人都来参与创新行动。"在金融、法律、人力资源、仓储、运营、客户服务以及公司的方方面面进行创新，"威尔克表示，"这已经成为公司每个人工作方式的一部分。"

在亚马逊内部，贝佐斯发展了一种文化，赋予员工能够创新并运行他们创造的东西的权力（另一个领导力准则——**主人翁精神**）。这一文化得到了华尔街投资者的全力支持，他们对亚马逊没有赢利要求。你越是深入挖掘，就能越清晰地发现，正是这种文化使亚马逊公司推出了一系列大受欢迎的产品和服务，包括 Echo、Kindle、Prime、亚马逊云服务（Amazon Web Services，AWS）和 Amazon.com。毫无疑问，这正是亚马逊的竞争优势。

亚马逊的科幻作家

2004 年 6 月 9 日下午 6 点 02 分，杰夫·贝佐斯正式在亚马逊禁用 PowerPoint 演示文稿软件。[2]

他毫不隐晦，开门见山地以电子邮件主题的方式宣布了这一消息："从现在开始，禁用 PowerPoint。"他写邮件给他的高级领导团队。贝佐斯明白，PowerPoint 是一个非常好的兜售工具，可以通过要点展示和花哨的模板来修饰平庸的想法，让它们看起来十分出色。

正因如此，它对创新而言非常有害，正如他所说的那样，它让人们可以"掩饰创意的弱点"，从而产生存在缺陷或不完善的想法，尽管这些想法在做演示的时候看上去很完美。

贝佐斯提供了另一种选择——书面备忘录。他希望亚马逊人在由段落和完整句子组成的文件中，而不是幻灯片上写下新产品和新服务的创意，仅有要点是不行的。这些备忘录应该通俗易懂，使思维上的欠缺一目了然，而且撰写这些备忘录将有助于亚马逊人的想象力自由驰骋。贝佐斯写道："一份好备忘录的叙述结构会迫使人们更好地思考和理解什么比什么更重要，以及事情之间的关系。"

只是拥有价值观是远远不够的，亚马逊的领导力准则清晰地表述了亚马逊的价值观，但是，如果没有一个让员工能够将其付诸实践的体系，这些价值观往往一文不值。贝佐斯在点击那封电子邮件的发送键时，为亚马逊的创新实践体系奠定了基础，这个体系把书面备忘录放在了中心位置。

今天，亚马逊所有新项目的启动都是以备忘录开始的。这些备忘录以未来为背景，在任何人着手开发一个潜在的产品之前，就准确地描述出它将会是什么样子。亚马逊人将这称为"逆向工作"：他们首先畅想出创新之物，然后从畅想处逆向工作。这些备忘录最长不超过六页，通常为单倍行距，11 号的 Calibri 字体，边距为半英寸[①]，没有

---

① 1 英寸 =2.54 厘米。——编者注

图片，文字详细说明提议的新产品和服务，以及决策者可能希望了解的所有信息。

我在西雅图的时候，有幸见识了一份"六页备忘录"，是一位前亚马逊人展示给我的，他要求保持匿名，因为他们本应该删除这些备忘录的。这份备忘录内容详尽，概括介绍了拟议的新服务，推出新服务对客户意味着什么、对亚马逊的供应商意味着什么，新服务的财务计划、国际推广计划、定价策略、工作时间表、收入预测和效果的衡量标准。[3]

一位前亚马逊人告诉我，撰写这些备忘录就像写科幻小说。他说："这就像是写一个以未来为背景的故事，讲述你相信未来会是什么样子，讲述一个关于尚不存在之物的故事。"这些"六页备忘录"里经常包含虚构的新闻稿，向全世界宣布这一新开发出来的产品，并附有高管们的发言，热情洋溢地为这一产品的面世大声喝彩。

当一位亚马逊人的六页备忘录准备就绪可供审阅时，他们将要求与那些能够帮助他们把科幻小说变成现实的高级管理层开会。随后发生的事情则不那么寻常了。由于没有 PowerPoint 可供演示，亚马逊内部的会议往往以沉默开始。在 15 分钟到 1 小时的时间里，房间里的每个人都安静地阅读备忘录，做笔记，准备提问。对于备忘录的作者来说，这是一段难熬的时光，他不得不坐在那里，看着亚马逊的高层管理者，有时是贝佐斯本人，一言不发地仔细审视他的奇思妙想。亚马逊前高级经理桑迪·林告诉我："我不能奢求每周或者每个月都可以和杰夫聊上半个小时，我只要一次难得的机会展示我的想法。"

亚马逊前总经理尼尔·阿克曼曾撰写过多份六页备忘录，其中有8次提交审阅，他向我解释道："你会花几个月的时间来完成这项工作。在审阅会议开始前，你会给每个人发一份打印并装订好的备忘录、一支标记笔和一支铅笔。把备忘录事先发送出去是没用的，因为没有人会提前读它。这真是太扯了——然后，他们基本上就是一言不发地坐上一个小时，每个人都在安静地读备忘录。"

阅读时间结束后，房间里最资深的人将会首先打破沉默开始发问，然后围坐在桌旁的高管们会毫不留情地轮番提问。阿克曼说："现在备忘录的作者还要再坐在那里一个小时，经历一轮又一轮的提问并一一进行回答。挺过连珠炮似的问题轰炸，如果最终创意得到批准，他将拥有一个项目。"

当一个六页备忘录获得批准后，亚马逊会拨给备忘录的作者一笔预算，让他开始招募团队成员，以便将梦想中的创意变为现实。一位经历过这一过程的前亚马逊人米卡·鲍德温（Micah Baldwin）告诉我，让撰写这份六页备忘录的人负责将这一想法付诸实践对提升亚马逊的创新能力至关重要。

他说："创新具有两面性，既要有想法，也得有行动。多数实干家往往不愿思考，而多数思想家则都不喜行动。讲述你的创意，最棒的地方就是，它迫使你同时做这两件事。我必须对一个想法从头到尾进行全面考虑，包括谁会喜欢它，谁想要它，以及谁是客户，等等。我需要将自己的想法向你清晰地表述出来，你会感到耳目一新，并对它形成自己的意见，或是支持它，或是否定它。想法的论证工作完成后，我的责任是立即将它付诸实践。我写这份东西不仅仅是为了思考，还要采取行动。这两者结合起来推动了创新。"

六页备忘录使亚马逊的创新民主化。公司内部任何人都可以写一份备忘录，如果他们的创意拥有足够的吸引力，高级管理层将会审查这些创意。威尔克告诉我："我曾经审阅过来自公司其他部门的六页备忘录，它们的作者并不向我报告工作。我也曾经读过一些备忘录，它们的作者在传统组织层级结构中比我低了许多层。它们可以来自任何地方。"

这些备忘录中翔实的细节描写使贝佐斯和他的副手很容易理解一个项目，以便决定批准它还是否决它，或是将它打回团队做进一步完善。在这个系统中，亚马逊的员工推动公司不断成功，他们通过六页备忘录不断改进、调整和创新，贝佐斯则扮演了促进者的角色。

把企业文化描述为某种创新可能看起来很奇怪，甚至显得颇为牵强。员工通常把精力集中在维持公司的运营上，而不是写科幻小说。亚马逊人也需要管理供应商关系，管理仓储，完成产品运输。他们又如何能专注于创新？好吧，现在就到了机器人上场的时刻。

杰夫·贝佐斯的机器人员工

距亚马逊在西雅图市区总部以东几千英里①处，一座大型米色和

---

① 1英里 ≈ 1.6千米。——编者注

灰色相间的仓库位于高速公路附近。这座建筑物的占地面积巨大，大概能容纳 15 个橄榄球场，比星期天所有 NFL 职业橄榄球大联盟比赛所需的场地还要大。

这座仓库根据其附近的纽瓦克机场（Newark Airport）命名为 EWR9，是亚马逊 175 个运营中心中的一个。亚马逊每天用这些运营中心存储、打包和运送数百万件产品给客户。EWR9 的一个运行周期为 20 个小时，在此期间单它自己就能够运送数十万个包裹。

2018 年 8 月的一个炎热夏日，我来到 EWR9 参观，这个运营中心里到处都是穿梭不息的机器人，它们在人类"伙伴"旁边辛勤工作。这些机器人看上去像橙色的 Roomba 扫地机器人，按照指令在巨大的运营中心四处逛巡。它们会滑到堆得高高的黄色货堆下方，托起这些货物，继而旋转并在存储货架和人类员工之间往来运送。它们的行动如此流畅协调，仿佛正在优雅地舞蹈。

这些机器人最直观地显示了贝佐斯是如何痴迷于尽可能通过自动化来解放员工，使他们得以从事更具创造性的工作。威尔克表示："在我的记忆中，他极其热衷使用计算机来帮助我们完成使命。从一开始，他就会仔细研究某个流程，如果发现有人在做重复性的工作，而这些人本来可以被解放出来发挥更大的创造力，他会说：'我们怎样才能使这个流程自动化？我们怎样才能让这些重复性的日常工作自动化，以便使我们的员工最大限度发挥他们的创造力？'"

当我走进运营中心时，EWR9 项目总经理普里特·维尔迪亲自出来迎接我（他后来被调到巴尔的摩担任同样的职位）。维尔迪魅力超凡，身材高大，嗓音洪亮，极其友善，是一位忠于公司的职员，他是那种在新员工入职培训时能被亚马逊为客户服务的事迹感动得掉眼泪的人。在我参观期间，维尔迪滔滔不绝地发表了一系列热情洋溢的评论，这绝对不是嘲讽。他告诉我："不论什么时候，有机会和别人共事都是很棒的经历。亚马逊的机器人与亚马逊员工合作的方式非常酷，也非常好。"亚马逊是一家不喜欢宣传自己的公司，但很显然，它能使维尔迪这样大发感慨是有其独特之处的。

除了像一篇行走的新闻稿那样宣传亚马逊，维尔迪还是一位新型管理者，领导着与机器人一起工作的员工。在过去八年里，亚马逊一直在努力探索应如何适应这一新形势。2012 年 3 月，亚马逊收购了制造其运营中心所用机器人的 Kiva Systems 公司，[4] 并开始以惊人的速度广泛使用机器人。到 2014 年，亚马逊在其运营中心共投入使用了大约 15000 个机器人，[5] 到 2015 年，已有 30000 个机器人被投入使用。[6] 到今天，亚马逊共投入了超过 20 万个机器人，相当于增加了约 80 万名劳动力。在 EWR9，大约有 2000 名员工和数百个机器人并肩工作。

机器人已经彻底改变了运营中心的运作方式。在引进机器人之前，运营中心依靠人力穿行于亚马逊的巨大仓库中，负责找到客户购买的产品，然后把它们带回去发货（那些没有配备机器人的亚马逊运营中心目前仍然采用这种工作方式）。如今，这项工作已经由机器人承担，并且随着机器人技术的进步，亚马逊似乎很有可能将运营中心其他核心部分的工作自动化。[7] 目前，人类仍然担任着堆装、拣货和打包的工作。堆装工人负责将货物放置在货架上，拣货员负责把人们购买的东西拿起来，打包工人则把这些商品打包，装进那些会被送抵你家门口的盒子和信封中。在这些步骤之间，机器人则在"机器人行驶层"穿梭往来，将它们身上的架子卸在成千上万其他架子旁边，这些架子正静静地等待着它们下一次乘坐 Roomba 机器人的刺激旅行。

这一人与机器人通力合作的场景颇值得一看。当你在亚马逊上订购了一件产品后，一个机器人将行驶到装有这件商品的货架前，滑动到货架下并托起它，随后排在工作站旁边排成一列、静静等候的其他机器人后面，直到根据亚马逊软件的指令行驶到某个人类员工前停下来，在那名工人取下商品后会快速离开。我目睹了一位拣货员是如何工作的，他的效率令我吃惊。他从一个架子上抓起一件商品，把它放进一个纸箱内，机器人匆匆离去；下一个机器人又停在他的旁边，身上架子的一部分亮了起来，他迅速从那一部分抓起一件商品，然后这个机器人也迅速离开。这一切的发生速度都非常快。

后台的先进软件确保整个过程能够平稳运行。机器人通过读取散布在地板上的二维码来确定行驶路线。当机器人通过一个二维码时，它将接受指令，等待或是移动到下一个二维码，在那里它会得到更多的指令。系统掌握着每位拣货员和堆装员的工作速度，会自动向速度较快的工人发派更多的机器人，向速度较慢的工人发派更少的机器人。在我访问的位于华盛顿州肯特市的亚马逊运营中心，机器人会停在扫描机架的摄像头前，（使用计算机视觉）评估剩余空间，并确定何时应将其送回去装载更多货物（或是在所装物品看上去出现歪斜时将其送至问题解决团队处）。有些拣货员在工作时会自愿参加所谓的"运营中心游戏"，即按照每个人的拣货速度来竞争排名。

在我参观的两个运营中心，我遇到的员工全都看上去精神抖擞，很乐意在亚马逊工作。但并非所有地方都是这样。英国记者詹姆斯·布拉兹沃思 2018 年出版了一本名为《没人雇用的一代》（*Hired: Six Months Undercover in Low-Wage Britain*）[①] 的书，为了写这本书，他曾潜伏在亚马逊的一个运营中心做调研，他说自己曾经在地板上发现一瓶尿液，显然是一名员工放在那里的，这名员工由于担心无法达成生产率目标，甚至不敢抽空去一趟洗手间。[8]

亚马逊不断强力驱使员工。在感恩节和圣诞节的销售旺季到来之前，这种行为尤其严重。亚马逊的公司总部员工甚至曾经常需要到运营中心轮班来临时帮工。[9] 从理论上讲，机器人应该能减轻亚马逊员工的一些压力。但机器人的存在也会让人心生忧虑：成为一个失业的员工与成为一个过劳的员工相比，哪一个更能接受？

在肯特市的运营中心，一位 20 多岁、带着文身、名叫梅利莎的拣货员（她也在星巴克兼职）告诉我，她预计亚马逊有朝一日会将更多运行中心的工作自动化。她说："将来总会找到一种方法，不需要人工来装东西。"当我和普里特·维尔迪提起这件事时，我们进行了

---

① 中译名参考台湾远流出版社 2019 年繁体中文版。——译者注

一次相当尴尬的交流。

我说："亚马逊不喜欢重复性的工作。在对公司做了一点研究后，很明显——"

"我不太清楚你那样说是什么意思，"维尔迪打断了我并问道，"你能解释一下重复性工作这个词吗？"

"如果某件事是重复性和低附加值的——"

"好吧……"

"你不喜欢这个说法？"

"我只想了解你所说的重复性工作是指什么，"维尔迪回答说，"我们拣选订单的工作可以被认为是重复性的工作。将箱子打包和运输也是如此。这些都是重复性的工作，但这就是我们在这里的原因。"

我问维尔迪，如果亚马逊员工的工作被自动化所取代，他们可以做些什么。他告诉我，员工们有两种选择：他们可以在某个运营中心内部找到另一个需要类似技能的工作，例如打包运输箱；他们也可以参加一个培训课程，学习如何做一些更具技术性的工作。经过三到四周的培训，他们可以在亚马逊内部找到一份"机器人行驶层"技术员的工作。维尔迪表示："在传统的运营中心并不存在这种工作。"

在EWR9待的时间越长，我听到的前所未有的工作种类就越多。除了机器人行驶层技术员，还有专业收容员（负责清理机器人掉落的货品）、ICQA员（清点货架上的物品，以确保它们与系统的编号一致）以及所谓的"四分卫"（他们从上方监视机器人在地面上的行驶情况）。亚马逊在增加了20万台机器人的同时，也增加了30万人的工作岗位。

亚马逊不遗余力地推动自动化或许并没有导致其员工成为失业大军，但它正在迫使他们不断改变，而这既令人振奋，也令人筋疲力尽。如果你在亚马逊工作，那么很可能你在今天所做一些工作，到了明天就被计算机或机器人取代。威尔克告诉我："你必须指导人们如何成为终身学习者。人们从工作获得酬劳和从学习中获得收益的方式，以及人们花在这些事情上的时间都在发生变化。"

在这个方面，亚马逊走在了前面。它让员工知道即将发生什么，并提供培训，帮助他们适应新的工作。例如，亚马逊有一个名为 A2Tech 的培训课程，通过培训指导、实际操作和考试的方式，教授员工如何在运营中心内部执行技术工作。另一个名为职业选择的项目，则将为运营中心的员工支付 95% 的学费，支持其完成学习，以获得某个学位和证书，资助的上限为 4 年或 12500 美元。

贝佐斯坦言，那些不善于应对变化的人，应对持续不断的变化是一件很困难的事。"由于那些我们自己主动选择的挑战，我们必须为应对未来行动起来。[10] 为正确的人工作，为未来工作，将是超级有意思的。"他在 2016 年接受资深科技记者沃尔特·莫斯伯格的采访时说，"而对一个厌恶变革的人来说，高科技行业将是一个相当糟糕的职业选择，因为这个行业将非常艰苦。我们也有许多稳定性更高的行业，所以这些人可能应该选择一个更稳定、变革更少的行业，他们在那里可能会感到快乐。"

这听上去是一个不错的主意，不过，即使进入了这些行业，人们也不应该太安于舒适，因为不论在什么地方，人们都已经感觉到亚马逊员工正在经历的这种变化。即使是保险理赔师这个贝佐斯认为比较稳定的职业，也面临着自动化，他几乎刚举出这个例子，就立刻得出了上面的结论。当莫斯伯格告诉贝佐斯，保险理赔师们现在要求配备 iPad 时，贝佐斯回答说："很快他们也会有机器学习的。"他说的一点儿没错。保险公司现在已经开始使用机器学习来计算家庭保险的费率，监控驾驶员安全。而且，正如我参加 UiPath 的迈阿密会议时所看到的那样，这些系统似乎注定要彻底取代保险理赔师这个职业。

在不断的变革中，亚马逊有一件事一直未变，那就是创新的决心。由于大量工作实现了自动化，亚马逊公司总部员工得以专注于其创新过程（他们在旺季不再需要去帮忙打包快递盒），这也给予亚马逊运营中心的员工自主创新的时间。在 EWR9，维尔迪向我展示了一个"持续改进"信息亭，员工可以把他们关于新的产品、流程和有关运营中心改进的想法放进去。每周三，维尔迪和他的高级职员都会花上45 分钟对其中的好创意进行审核。一旦他们看好某个创意，就会给提出这个创意的员工拨出工作时间和资源，让他们把自己的想法变成现实。举一个小例子，正是一位员工的反馈让亚马逊把它的置物箱变成黄色，以便员工更容易找到产品，从而更有效地工作。

在我们参观完 EWR9 后，我在运营中心入口附近的一个福乐鸡摊上为维尔迪、我自己以及一位陪同我参观的亚马逊发言人买了午餐。我吃的是辣鸡肉三明治，那位发言人也是，维尔迪选择了原味的，而机器人，则在无休止地继续工作。

放手

　　人类具有难以置信的可预测性，而亚马逊人非常了解这一事实。"随便选一个邮政编码，亚马逊就基本上可以告诉你，生活在这个邮政编码区域的人们都穿什么、买什么和做些什么，"亚马逊前总经理尼尔·阿克曼告诉我："你一家家地走过去，会发现他们穿着相同的衣服，吃着相同的食物，家里的装饰风格相同，并且购买相同的东西。也许他们会选择不同的颜色，但大多数东西都可以预测。"

　　由于拥有 25 年的历史数据可供查询分析，亚马逊清楚知道我们想要什么，何时需要它们，并且很可能在你下订单之前，就已经将你准备订购的下一件商品发送到了你附近的运营中心，只要你一点击"购买"，它就可以随时发货。亚马逊在秋天就知道冬季外套的订单将激增。不仅如此，它还知道某些邮政编码区域的居民会购买很多北面（North Face）夹克，因此它可能在其附近的运营中心里预先储备大量的北面夹克。

　　借助这种知识，亚马逊正在通过一项名为"放手"（Hands off the Wheel）的计划，将公司总部多个类型的工作自动化。

　　亚马逊在人们实际下单购买产品之前就在其运营中心内备好商品，对于一家承诺向超过 1.5 亿名付费会员用户提供隔日送货服务（现在它还推出了当日送货服务）的公司而言，这一点十分必要。亚马逊一直雇用"供应商经理"来保证整个流程顺利运行。例如，一位负责汰渍（Tide）的供应商经理会估算出每个亚马逊运营中心需要储备多少洗涤剂，它们在何时应该到位，以及亚马逊需要为每件商品支付多少钱。然后，他们会与汰渍谈判价格并下订单。直到最近，这个职位在亚马逊内部仍备受推崇。它很有趣，以关系为导向，并且可以让亚马逊人接触到全球顶级品牌。但在亚马逊，变革总是不期而至。

2012 年，亚马逊的高级管理层开始检视供应商经理执行的一些核心任务是否真的需要由人来完成。如果某种情况是人类可以预测的，那么亚马逊的算法也有可能确定哪些产品需要运送到哪个运营中心，以及它们需要何时到达那里、具体数量和价格应是多少。这些算法的表现很可能优于人类。

阿克曼声称："采购经理历来总是一遍又一遍地重复做同样的事情。他们接到一通电话，然后会进行比价，并购买一定量的产品，他们通常无法买到最合适的商品数量，因为他们是人类。然后，看看吧，他们又去购买产品，一切循环往复。当这种事情可以一次又一次地被预测时，你就不需要人类来做这件事了。坦率地说，计算机、算法或机器学习远比人类更聪明。"

了解到这一点，亚马逊的领导者决定尝试对原来供应商经理的职责进行自动化，包括预测、定价和采购。亚马逊内部开始称这个项目为尤达 ① 项目。亚马逊不再用供应商经理来做这项工作，而是使用原

---

① 尤达（Yoda）是《星球大战》系列电影中的虚拟角色，他具有强大的力量和智慧，还拥有至高的品德。——译者注

力（the Force）。[1]

2012 年 11 月，拉尔夫·赫布里希加入亚马逊，担任机器学习总监。他加盟之初的一个目标就是把这个项目付诸实施。"我还记得项目启动之初的情况。我们当时还存在许多需要人工来做决策和预测的工作，"他在柏林通过电话告诉我说，"我们开始研究算法。事实上，这个项目是我的一个试水项目。"

赫布里希的团队成员是一些机器学习领域的科学家，团队人数少时几十人，多时超过百人，在接下来的几年里，他们一直在努力使尤达项目变成现实。他们最初尝试了一些经典的机器学习方法，这些方法对于预测高销量产品的订单非常理想，但它们无法应用在零星购买的产品上。赫布里希谈到这些经典方法时表示："它们在商品种类有几百种甚至可能多达上千种时表现很好，但我们一共要处理 2000 万种商品。"于是，赫布里希的团队不断改进。每次团队提出一个新的公式时，他们就用它来模拟前一年的订单，试图找出它和亚马逊人工预测的实际数量相比表现如何。

经过反复试验，赫布里希团队的预测已经足够精准，于是亚马逊开始将它们纳入员工的工作流程工具。供应商经理现在可以看到机器系统对每个地区产品库存数量的预测。用赫布里希的话来说，供应商

---

① 原力（the Force）是《星球大战》系列电影中的核心概念。原力是作品中虚构的一种超自然而又无处不在的神秘力量，是所有生物创造的一个能量场。——译者注

经理（及那些协助采购产品的员工）可以使用这些系统来"增强他们的决策能力"。

2015 年，这个曾经被叫作"尤达项目"的计划更名为"放手"计划，它的名字清楚体现了计划的全部意图。现在，亚马逊的供应商经理们不只是在做决定时简单地参考机器学习算法做出的预测，而且被要求放手，让系统自动完成工作。很快，亚马逊的高级领导团队针对零售部门员工的工作设定了很高的自动化目标。公司不鼓励人工干预，在某些情况下，如果要实施人工干预，必须获得品类经理（即在相应权限范围内的最高执行长官）的批准。

供应商经理的工作很快发生了深刻的变化。"我们无法再像以前那样自由灵活地订购那么多商品了，"前供应商经理伊莱恩·科万（Elaine Kwon）告诉我，"有些时候，在我为某个重大节日做准备时，我会花很多时间考虑应该采购什么商品。一个买手的工作就是要决定应该买什么。现在这些工作正在被慢慢地拿走。管理层当时的态度是，'不，我们不想让你们这些人做这些'。"

在一次为"放手"计划制定目标的会议上，一位亚马逊前员工提出了一个问题（因为害怕受到报复，他要求匿名，所以在此我们姑且称其为蒂姆），并且立即得知了这个问题的答案。蒂姆当时问道："那么，实话实说，我们是不是应该去寻找新的工作了？因为我们显然正在努力把自己从这儿清除出去。"房间里的人全都笑了，但蒂姆是认真的。最后，主讲人回答说，是的，这个项目将会减少人工参与。蒂姆解释说："他们实际上就是在说'是的'，只是不想把话说得那么直白而已。"

"放手"计划最终被推广到整个零售部门。现在，预测、定价、采购和库存计划都是在自动化的帮助下完成，或是完全实现了自动化。在亚马逊内部，销售、营销甚至谈判也部分实现了自动化。现在，如果某个供应商想与亚马逊达成一项交易，他们经常会与计算机门户而不是供应商经理进行谈判。人的手已经放开，"汽车"正在自动驾驶。

后尤达时代

类似这样的故事往往会从此进入阴暗和毁灭的篇章，包括大规模的失业和工作的消失，最终一切皆不复存在。我们可能会面临这种情况。但是，当我和经历了"放手"计划的亚马逊人交谈时，他们的反应令我感到十分惊讶，因为他们完全采取了一种就事论事的务实态度，对这一切预示着什么都不担心。

"当我们听说采购将由算法自动完成时，一方面，我们会想这会对我的工作造成什么影响。员工肯定会考虑这样的问题。"科万表示，"但另一方面，我们并不会感到特别惊讶，会想，作为一家企业，这么做是有道理的，这正是一家科技公司应该努力去做的事情。"

蒂姆的感受更强烈一些，但是他也得出了同样的结论。"这是一个彻底的改变，"他表示，"原来鼓励你去做的一些事情，现在不再允许你去做……这有一点儿让人心碎，就像是努力把自己的工作干没了。但你很难对这其中的逻辑有什么不同意见。"

另一位在职员工告诉我，在亚马逊，"你就是要一直努力把自己的工作干没。你不应该每天都做同样的事情。一旦你发现自己日复一日地重复做某件事，你就需要努力找到创新和简化的机制"。

从商业的角度来看，很容易理解为什么亚马逊人（他们收入的相当大一部分来源于公司股权）会有这种感觉。亚马逊的业务就像一个飞轮，这是一个自我增强的系统，会随着每一个组件的改进而在整体上变得越来越好。通过低廉的价格、广泛的产品选择和便利的购物体验，亚马逊吸引了庞大的用户，从而聚集了流量。流量使亚马逊成为一个对卖家而言更具吸引力的地方，因而这些卖家会以更优惠的价格销售更多商品，以吸引亚马逊的顾客，并产生更多需求。就这样，飞轮得以高速旋转。

亚马逊成立之初，由于要管理的卖方关系较少，因此公司可以雇用人员来管理卖方关系。但是，随着亚马逊可以提供的商品扩展到2000万种，用人力来管理每一段关系的人工成本将高到无法承受，会导致价格上涨，相当于在飞轮上插入扳手。

"在最初开展亚马逊的业务时，你可以不借助科技。但是这样你将无法将它发展壮大。"赫布里希说，"在我们的飞轮中，各项业务流程要想真正实现发展，都要求我们将原来由人力执行的某些决策自动化，尤其是基于我们观察，那些基于重复性的模式所做的决策，这些就是需要引入人工智能的地方。"

赫布里希表示，20 年前，一位亚马逊的供应商经理可以处理数百种商品，而今天，他们需要处理 1 万 ~10 万种商品。（一位亚马逊发言人表示，赫布里希只是以这些数字为例，我们不应该太过执着于其字面意思。）

当亚马逊对其零售部门员工的预测、采购和谈判职能实施自动化后，它并没有砍掉这些人的工作，但这确实从根本上改变了他们的工作。供应商经理现在更像做审核，而不是亲自上阵。"他们的工作从输入数字变为选择，"赫布里希说，"我们通常发现，他们现在需要具备的技能是判断算法中哪些输入项可能出现了错误。因此，这份工作从制造产出，即确定购买多少商品，转变为改变输入项。"

这里有一个例子说明它在现实中的应用：有一次，亚马逊的库存预测系统曾经对一些基本时尚产品预测失误。赫布里希觉得非常奇怪，因为白色袜子不应该是很难预测的商品。于是，他下令对预测工具的输入项（包括颜色）进行审核，发现亚马逊总共有 58000 种不同的颜色类别。拼写错误和非标准拼写使系统崩溃，当他们规范了颜色项后，一切恢复正常。

通过修正错误的预测，换言之，把人类的手放回方向盘上，亚马逊的员工用输入数据来驱动算法，从而改正问题。修复输入项（在本例中是使颜色类别规范化），可以修复系统。

随着"放手"计划的逐步推进，它已经不仅仅限于亚马逊的供应商系统和营销部门。亚马逊的语言翻译人员现在也成为机器学习的审核者。他们现在不是自己翻译产品页面，而是审核亚马逊系统提供的自动翻译内容。他们相信，机器翻译内容的准确性相当高，只需稍做必要修改。如果你从亚马逊的产品页面上订购一件商品，而这件商品的介绍本来是用另一种语言撰写的，你通常很难判断它是由人工翻译的还是由人工智能翻译的。

机器学习的自动翻译再一次推动亚马逊的飞轮加速旋转。卖家可以使用的语言越多，亚马逊客户的选择就越多，他们访问网站的次数也就越多。由于流量的增加，卖家将更加渴望与亚马逊合作，以更优惠的价格提供更多的产品，而这将带来更多的客户。

虽然人类的许多行为都可以预测，但有些事情是算法无法解释的，比如品味。为了弥补这一缺陷，供应商经理除了审核自动化的预测、谈判和订单信息，还需要付出一些创造性的劳动。威尔克说："在我们的时尚部门，与其让团队坐在西雅图的办公室里研究电子表格，还不如让他们去纽约、米兰和巴黎的时装展，用人类独有的超级精密的方式来发现最新潮流趋势。这样，人类与机器两方面的优势就可以兼得。你可以从计算引擎中获得可扩展的能力，同时还拥有只有人类才能有的洞察力和直觉。"

时尚有时也会让整个零售行业变得完全不可预测，这就要求人类始终站在时尚最前沿。赫布里希指出："如果考虑现实世界及实际生活中的商品，你会发现它不是一个静态空间。"指尖陀螺在2016年还不存在，但现在它已经风行全球。也许到2020年或2021年，它们又不复存在了。你需要不断地找到新方法，及时捕捉现实世界新事物的特征。"

得益于"放手"计划，亚马逊的零售部门现在能够以更精简、更高效的方式运作。这个理念还使亚马逊可以支持第三方平台和订单履约业务蓬勃发展，使供应商能够直接在亚马逊平台上销售产品，而不是依赖亚马逊作为中间商。

当然，供应商经理这个职位的吸引力现在已经有所下降，许多供应商经理已经在亚马逊内部转岗到新的职位。当我浏览领英，了解他们的去向时，我发现他们许多人选择了做项目经理或产品经理。项目经理和产品经理是亚马逊的专业投资人员。他们构想出新的产品，并全程负责这些产品的开发。其中，产品经理通常专注于打造某一产品，而项目经理则专注于管理多个相互关联的项目。根据领英的数据，这些是今天亚马逊增长最快的工作岗位。科万告诉我："这是很多人真正梦寐以求的工作。他们也在寻找其他重视创新的超酷的团队。"

蒂姆注意到了类似的工作迁移，他告诉我："我有很多朋友，两年前他们的职能部门有 12 个雇员，现在则只剩下 3 个人。现在，我在零售业认识的人几乎都是产品经理或是项目经理，没有人真的在一个核心零售职能部门工作了。如果你不是一个工程师，那么你将会成为一个项目经理或产品经理。"

威尔克表示，通过将零售部门内部的工作自动化，亚马逊为创新营造了新的机会，这一直是公司的计划。他说："原来不得不执行那些烦琐的重复任务的人现在得到了解放，可以去做与创新有关的工作，即那些机器很难完成的工作。"

2011 年，亚马逊负责定价和促销的副总裁迪利普·库马尔离开了他在零售部门的职位，他将跟随贝佐斯两年，担任其"技术顾问"。这个技术顾问的职位是亚马逊人都梦寐以求的。担任此职的人可以参加贝佐斯出席的每一次会议，得以通过自己的视角来审视亚马逊，这个职位还经常使他们随后获得职业上的飞跃式发展。贝佐斯的第一位技术顾问安迪·贾西在卸任该职后组建了亚马逊云服务部门 AWS，目前担任这一业务的首席执行官，而 AWS 部门现在每季度的收入约为 90 亿美元。

库马尔在领英的个人介绍中称，担任贝佐斯的技术顾问"很可能是我一生中做过的最好工作！"他也准备在完成自己这届任期后做一些大事。在他离开亚马逊零售部门的时候，尤达项目已经铺开，定价和促销等工作实现自动化，而那本来正是他的专长。尤达项目的启动，解放（或是迫使）他去尝试新的东西。

库马尔和其他一些来自零售部门的人一起，开始着手寻找在"现实生活中"哪个购物环节最烦人，并试图用技术来解决这个问题。他们最终将目光锁定在结账环节。经过几次尝试，包括提出建造一个巨大的自动售货机的想法，团队最终开发出 Amazon Go。

坚持最高标准

你可能想知道，已经成为一家万亿美元公司的首席执行官和亿万富翁，贝佐斯什么时候会想要稍微放松一点。他已经建立了一家世界一流的电子商务企业，一个蓬勃发展的硬件部门，一个曾获奥斯卡奖的电影制片厂，以及一个庞大的企业软件帝国。如果贝佐斯愿意，他可以在未来几十年中就靠这些业务，每年产出都堪比一个小国 GDP 的价值，并且为新生力量留出上升空间，让他们放手一试，就像 25 年前他初入市场时那样。不过，这种情况不太可能很快发生。

贝佐斯在生活中的快乐来自他的事业，特别是那些创新性的部分，这会让他感觉自己回到了 20 世纪 90 年代，正在努力设想如何能在互联网上销售书籍。对许多超级成功的首席执行官而言，美好的生活意味着可以在私人岛屿上度假，或是乘坐私人游艇环游世界。而对贝佐斯来说，美好的生活就是工作，而环球航行则是"充满了折磨，意味着痛苦的堕落，随之而来的就是灭亡"。

威尔克告诉我，亚马逊的最高领导层都发自内心地感受到一种情感驱动的力量。他说："我希望创新，希望进入未知领域，并体味由未知引发的情感，这种情感是恐惧、不确定性和兴奋的混合体，它还包含一个坚定的信念，那就是你会突破前进道路上的任何障碍，并最终达到激动人心的彼岸。这种情感会让你不断坚持，我敢打赌，这也是让他坚持下去的动力。"

亚马逊所在的电子商务领域以竞争残酷而著称，亚马逊能够成为行业领军绝非巧合，因为其领导者的内在驱动力是创新所带来的快感，而这种力量远比销售额或华尔街的预期更为强大。如果亚马逊稍有懈怠，竞争对手就可能迎头赶上，更快地发货，或者提供更低的价格或更好的购物体验，从而使亚马逊的飞轮彻底停转。客户会转投竞争对手的网站（这样做非常简单，只需输入一个网址），这些新增的流量将为竞争对手赢得更多供应商，使其能够降低价格并提供更多的选择，而这反过来又将吸引更多的客户，那些人原本是亚马逊的客户。

"顾客从来就没有满意的时候，"贝佐斯在2018年4月的一次采访中表示，"他们总是不满意，总是想要更多。你不管甩开竞争对手多远，仍然会落后于客户的期待。他们总是鞭策你不断向前。"[11]

贝佐斯的紧迫感推动了亚马逊的崛起。有时候，这也会给他的员工带来难以想象的压力，因为他们感到需要勉力跟上。贝佐斯的另一个领导力准则——**坚持最高标准**，非常清楚地阐明了公司的期望："领导者有着近乎严苛的高标准——这些标准在很多人看来可能高得不可理喻。"

我曾采访过一位前亚马逊人，他在接受亚马逊的工作时告诉他的妻子和孩子们："爸爸要去打仗了。"事实上，他在和家人共进感恩节晚餐时都一直工作，为公司实现目标而努力。亚马逊前高级经理桑迪·林重复了她在亚马逊工作时流行的一句话，这句话很好地诠释了亚马逊的思维模式："在亚马逊，如果你把水变成了酒，那么你听到的第一个问题是，'嗯，为什么不是香槟？'。"

那篇文章

通过设定如此高的标准，亚马逊以不公开的方式鼓励了不健康的工作狂精神。2015年8月15日，《纽约时报》刊出一篇长达5000字的文章，[12] 其中描绘的残酷事实将亚马逊文化中最糟糕的部分赤裸裸地展示在公众面前。那篇长文题为《亚马逊内幕：在残酷的工作环境中比拼大构想》。

这篇文章直至现在仍然被亚马逊人称为"那篇《纽约时报》的文章"，它将亚马逊描绘成一个冷酷无情的严苛工作场所：它的员工经常受到严厉的批评，并通过专门定制的反馈工具来贬损他们的同事。他们被迫长时间工作，在节日、假期和周末期间都一直工作。他们罹患癌症和不幸流产后，会被安排参加自己的"绩效改进计划"，并被要求，要么解决个人问题，要么离开。他们普遍十分痛苦。在文章的开头，《纽约时报》引用了一位前雇员的话，亚马逊人今天仍在谈论这句话："我几乎见过每一位和我共事过的同事在办公桌前哭泣的样子。"

文章发表后，亚马逊南湖联盟总部内的电话开始此起彼伏地响。前供应商经理伊莱恩·科万接到一位纽约的品牌联系人的电话，对方紧张而关切地问："你没事吧？一切都还好吗？"在医生的办公室里，米卡·鲍德温的医生问他是否在办公桌前哭过（他并没有哭过）。

亚马逊在这篇文章发表后与《纽约时报》展开了一场论战，试图质疑其消息来源的可信度。[13] 亚马逊高级副总裁、前白宫发言人杰伊·卡尼（Jay Carney）在面向公众开放的 Medium 网站上（一个轻量级的内容发行平台）公开发帖，标题为《〈纽约时报〉没有告诉你的》，把矛头指向了这位向《纽约时报》爆料说他曾看到每个人都哭过的前雇员。卡尼写道："他在亚马逊的工作时间很短，在一项调查显示，他曾试图欺诈供应商并通过伪造商业记录来掩盖自己的行为之后，他在公司就待不下去了。面对摆在面前的证据，他承认了自己的所作所为，并立即辞职。"

《纽约时报》的编辑迪恩·巴奎特对此做出回击："他在报道中引用的那一句话与其他亚马逊现任和前任雇员的表述是一致的。其他部门的其他一些员工也使用非常类似的语言描述过人们公开哭泣的情景。"[14] 上述回应同样公开发表在 Medium 网站上。显然，在这场重量级拳击手的对决中，双方各出重拳。

《纽约时报》的文章发表后，贝佐斯向公司全员发送了电子邮件。[15] 他说："我并不认识（文章中描写的）这个亚马逊，同时我非常希望你也有同感。即使这些现象是罕见或孤立的，我们对任何这种缺乏同情心的行为也必须做到零容忍。"亚马逊长期以来一直表示，它并没有因为《纽约时报》的文章而改变其系统、机制或原则，但是在文章发表之后，公司开始着手解决自己的一些问题。

亚马逊开始更广泛地使用被称为"连接"（Connections）的每日调查，以便找出自身文化中需要改进的地方。这份调查提出类似下面的问题：你上次与经理进行一对一约谈是什么时候？你的经理是否展现出 X 项价值准则？（该调查工具于 2014 年在亚马逊的北美运营中心首次亮相。）使用从这项调查中收集的数据，亚马逊开始针对自身文化启动某种形式的创新流程。

"亚马逊痴迷于输入和输出。这件事的输出是《纽约时报》刊登的那篇文章，并且这不是一个很好的输出。而输入就是，到底是什么导致了这个结果出现。"一位前雇员告诉我。他解释说,这项调查正在测试的零散问题,都是输入项的内容。"你正在从希望得到的输出反向溯源,并且为实现这个目的发明了一个新的工具和新的方法。"

亚马逊随后做出了一些改变。它简化了绩效考核过程。这一过程以前需要员工花很长时间,围绕领导力准则进行自我评估,评估内容有时长达十几页。现在,亚马逊的员工只需列出他们的"超级能力"。同时亚马逊还简化了晋升过程。此前,经理们需要在充满质疑的同事面前为自己的下属而战,而这些同事将最终决定结果如何。如果一个经理不想为你的升职全力战斗,或是在近期他已经把其政治资本都花在为另一个员工而战上,那么即使你表现出色,可能也无法获得升职。改进后,亚马逊允许经理通过软件工具提交对某人升职的申请,大大简化了流程。此外,亚马逊还抛弃了其**进行口头自我批评**的领导力准则,将其中的部分内容移至**赢得信任**准则中,并增添了一个新的准则,**好奇求知**(其"进行口头自我批评"的内容基本上在这一准则下得以保留)。一位现任亚马逊高管告诉我,如今亚马逊员工的平均工作年限已经比《纽约时报》文章发表前有所上升。

对部分亚马逊人来说,《纽约时报》的那篇文章除了让他们不得不应付亲朋好友和商业伙伴的电话和医生的当面询问,还有一点也让他们无法理解,那就是:这些不正是他们当初加入公司的目的吗?与我交谈过的大多数亚马逊人在加入公司时都期待着辛勤工作,在一家让你承担尽可能多的责任、尽可能努力工作并相信你有能力将自己的想法付诸实践的公司工作，他们热情地拥抱由此而带来的机遇和挑战。当亚马逊人去谷歌或微软工作时，他们的亚马逊同事会祝他们退休生活一切顺利。

一位前雇员告诉我："读到《纽约时报》的那篇文章中有关人们在办公桌前哭泣的段落，在亚马逊内部，人们大概会说'他们只不过不是亚马逊人罢了'。这些人不够强悍。亚马逊的某些残酷特性实际上恰恰是吸引人们加入它的原因。我们不想要免费午餐，你懂我的意思吧？"

输出

当我和亚马逊人交谈时，我发现无论是现雇员还是前雇员，他们更感兴趣的，似乎都是在贝佐斯的领导下工作会把他们变成什么样的人，而不是他们自己正在做的工作。通过亲历贝佐斯的创新文化（并获得人工智能系统的支持，在很大程度上帮助他们从原本耗时费力的工作中解放出来），他们学会了以技术的方式发挥创造力。

在我们的社会中存在一种观念，认为有技术头脑的人不能创造性地思考，而有创意的人不能技术性地思考。我们会将艺术家和音乐家划归一列，将程序员和数学家归入另一列，认为他们分别属于右脑型思维和左脑型思维。在亚马逊，贝佐斯教人们如何将这两者结合起来。他让他们想象未来，写科幻小说，编代码，实现自动化，然后再去进行新一轮的想象。而在这个过程中，他可能会不断地鞭策他们。

我采访过的许多人在他们后续的生活中都运用了这种技术创造力。亚马逊前高级经理桑迪·林成为 Skilljar 的创始人兼首席执行官，Skilljar 是一家在线培训公司，目前已获得了 2000 多万美元投资。科万成为 Kwontified（一家电子商务软件和服务公司）的联合创始人和管理合伙人，她现在正致力于将其部分员工工作自动化，就像亚马逊将她作为供应商经理的部分工作自动化那样。米卡·鲍德温目前在一家总部位于西雅图的风投公司任职，他的工作是为初创企业提供风险投资。尼尔·阿克曼现在负责管理强生公司供应链，并且正在努力将亚马逊流程中的部分要素引入这家已有 130 年历史的制造商。拉尔夫·赫布里希于 2020 年 1 月加入德国电子商务公司 Zalando，准备将机器学习引入该公司，就像他在亚马逊时所做的那样。与此同时，杰夫·威尔克则有望成为贝佐斯的接班人，在他最终卸任时接替他（虽然看起来这可能还需要等待一段时间才会发生）。而普里特·维尔迪现在极有可能正在亚马逊的一家运营中心内巡视，微笑着与员工交谈。

在我有幸参观亚马逊总部的那一次，种种迹象表明贝佐斯希望将员工塑造成什么样子。你能看到巨幅海报，宣告 Echo 和 Prime Now 这样的创新之作横空出世，并附有将它们变成现实的团队成员的签名。在一面墙上有一个巨大的字谜拼图，其中心位置有一个显眼的单词——创新。还有三个巨大的玻璃球，里面长满了稀有的植物，以及大量小型工作空间，其目的是激发创造力。

　　贝佐斯办公室所在的大楼实至名归地被称作"创业第一天"大厦，在这座大楼的底层，该公司第一家 Amazon Go 商店正在运营并向公众开放。当我观察它的出口时，我看到一大群游客走了出去，困惑地四处张望，试图弄清楚贝佐斯到底是如何做到这一切的。

第二章

脸书：马克·扎克伯格的反馈文化

一个阳光明媚的周一清晨，在加州门洛帕克市（Menlo Park），13位脸书员工齐聚在一个宽敞的开间里，学习如何给同事提反馈意见的微妙艺术。

这一小群员工包括经理、个人贡献者①、工程师和营销人员。主持培训的是脸书公司学习与发展合伙人梅根·麦克德维特（Megan McDevitt），她曾经是一位小学教育工作者。听到麦克德维特宣布反馈培训开始，这些员工依次就座，相互微笑致意，略带紧张地安静了下来。

麦克德维特说，在脸书，提供反馈不仅受到鼓励，而且是一种要求。如果发现有待改进的地方，那么大声说出来是你义不容辞的责

---

① 指在某一领域可独当一面，但并不领导一个团队的个人。——译者注

任，即使这意味着你要把你的老板，甚至你老板的老板拉到一边，然后开启一场令人不适的对话。她说："我们希望反馈是全方位的。因此，如果需要和比你职位更高的人进行这样一场对话，我们希望你能勇敢地行动起来。在这种情况下，职位高低无关紧要。"

在接下来的 4 个小时里，麦克德维特向小组介绍了在脸书内部提供反馈的基本原则。如果有人拖延了某个项目的进度，或者在管理中事无巨细事必躬亲，又或者在会议上不给你发言的机会，这时候就有必要进行反馈性对话。而且，发起此类对话并不需要挑选时机。在脸书，你随时可以把别人拉到一边说："嘿，我想给你一些反馈。"脸书有超过 40% 的员工参加了这门有关反馈的培训课程，从而有效地使反馈行为成为公司的一种制度。

脸书分享反馈的方法源自著名培训公司 VitalSmarts。这种方法主要包括三大部分：（1）陈述事实；（2）分享你的故事；（3）提出要求。所谓事实，是对已发生事情的客观描述。例如：我们上次谈话的时候，你说会在几天内回复我的问题，现在已经过了两个星期。所谓故事，是你针对某种你不喜欢的情况为何会发生的解读。例如：我知道你最近可能忙于工作，但我还是感觉，你之所以没回复我，是因为你可能不同意我的项目方向。而所谓要求，则是提出一个问题，以便解决你们所面对的情况，例如：你能告诉我到底是怎么回事吗？

麦克德维特招呼大家模拟这些对话时，房间里的气氛变得紧张起来。事实证明，即使是进行角色扮演，指出别人做得不够好也并非易事。（我坐在会议室的前排，在第一次进行模拟演练时，我恨不得缩进座位里面去。）不过随着一次次的练习，模拟反馈对话变得越来越顺畅。

度过了颇为劳心费神的一天，在培训的最后，麦克德维特告诉小组，他们需要发起一次困难的反馈对话，时间最好是在 21 天内，她要求房间里每个人都记下这个任务。

"没人说我们必须这么做！"一位参加培训的员工大声抗议道。

"我现在就是在告诉你们，到了该做的时候了，"麦克德维特回答道，"如果我们不去进行这些对话，它们就不会产生任何影响。很不幸，这就是它背后的科学依据。所以你们必须去做。"

房间里响起了紧张的笑声，但是没有人再进行争论。每个人都开始老老实实地在纸上记录下来。

脆弱的脸书

麦克德维特的培训旨在让脸书的员工知道如何提供反馈，但这些课程也使他们能够更好地接受反馈。通过培训，员工会发现，在脸书，提供反馈并不是为了打击别人，而是为了让他们有机会接触新的观点。这可能意味着讨论一个问题，也可能是指在听到别人说"嘿，我有个主意，让我来告诉你为什么我们应该试一试"时，能够安静地倾听。在大多数组织中，自负和畏惧心理往往使这些对话变得难以进行。但在脸书，得益于培训以及普遍的反馈行为，这些对话几乎成为常态。

对扎克伯格来说，这种反馈文化的功能类似于贝佐斯的"六页备忘录"。通过向他的员工灌输"所有同事的意见都值得一听"的信念，扎克伯格确保新产品的创意无论出处，在脸书都能有出头的机会，并且经常能直接摆到他的面前。

对脸书而言，顺畅的创意通路至关重要，因为脸书是所有科技巨头中最脆弱的。由于没有自己的流行操作系统，脸书除了依靠产品的吸引力，没有其他手段确保用户不会流失。如果无法保持人们对其产品的兴趣，它就会日渐萎缩并最终消亡。每隔几个月，就会冒出一个头条新闻，提醒脸书的地位不稳，从青少年使用率下降，到日活跃用户增长放缓，再到好友间的分享减少，这些新闻涉及的内容包罗万象。马克·库班（Mark Cuban）[1]曾告诉过我："脸书面临严重的风险。人们根本不需要它。"因此，为了生存下去，脸书必须不断快速创新。

2019 年 9 月，我重回门洛帕克市，再次坐下来与扎克伯格交谈。我一开场便问他，如果脸书停止创新将会发生什么？我认为这是个直截了当的问题。但扎克伯格笑了，努力地寻找答案，显然他并没有找到，然后，他以自己一贯的方式来反问我。

"你怎么看？"他说。

"这对脸书一点儿好处都没有。"我回答说。

---

[1] 美国最知名的投资人之一。——译者注

"是的，显然是这样。"

"公司很可能会散伙。"我接着说。

"停止创新的念头我连想都不会想，"扎克伯格一边说，一边继续琢磨如何表达自己的观点，"这个问题很可笑。"

对扎克伯格来说，对停滞不前仔细思忖是一件莫名其妙的事，因为他一手打造的脸书文化恰恰立足于不断创新，而且行动要快。他说，脸书的目标是在产品就绪后尽快发布，即使它们没有达到尽善尽美也没关系，可以在推出后获得反馈并持续改进。这就是扎克伯格把反馈作为公司内部优先事项的初衷，尽管他经常对外部反馈置之不理，这种疏忽时常会使脸书陷入危机。脸书公司不断创新，做出改进；然后再创新，再改进。如果说亚马逊的文化是把每一天都当作创业第一天，那么脸书则就像它内部流行的那句话，任务只完成了1%。

扎克伯格表示："如今，'快速行动'经常受到指责，因为人们把它解释为'只是匆忙地做事而不计后果'。但这并不是它本来的含义。'快速行动'从本质上是说我们怎样才能学得尽可能地快。"

对脸书而言，快速创新既是奖赏又是诅咒：脸书的创造力和适应能力使它顺利应对了从用户疲劳到计算转换等诸多挑战。但同时，它发布新产品的速度也超过了自身的控制能力。例如，在2016年美国总统大选前，由于公司没能"快速行动"解决产品的问题，导致了一场灾难。减轻这个系统的缺点对脸书的长期持续发展至关重要，其重要性绝不逊于发布新产品。

扎克伯格表示："一味追求快速迭代，而缺乏公开性和不能认真审视前进的方向，最终会把你引向错误的泥潭。"他显然很清楚后果。

建立反馈文化

考虑到扎克伯格的背景，他痴迷于寻求反馈无可厚非。与贝佐斯、皮查伊和纳德拉不同，扎克伯格除了目前的这份工作之外毫无其他工作经验。2004年，他在哈佛宿舍创办了脸书，当时他根本不知道如何经营一家公司。在他退学以后，他通过咨询有经验的前辈不断学习。

在将近15年的时间里，《华盛顿邮报》前老板唐·格雷厄姆（Don Graham）一直为扎克伯格提供咨询建议。他们是在2005年认识的，牵线人是扎克伯格的一位哈佛校友，这位校友的父亲在《华盛顿邮报》任职。格雷厄姆告诉我，他们第一次见面时，扎克伯格似乎连收入和利润有什么区别都不知道。当时的他年轻稚嫩，经营着一家只有6个人的公司。随着公司逐渐壮大，扎克伯格不断给格雷厄姆打电话，而格雷厄姆也很乐意为能听得进反馈意见的人提供建议。格雷厄姆曾提出对脸书投资（不过扎克伯格拒绝了他，而选择了另一笔条件更优厚的投资），并且最终加入了公司董事会。

格雷厄姆告诉我："马克善于听取意见。虽然马克有时候也会置大多数顾问的意见于不顾，坚持做一些他们认为不妥的事情，这样的情形我当然看到过。但我也同样看到过，马克在一些他本来强烈支持或反对的事情上最终改变了主意。他很善于学习。"

2006 年，扎克伯格给格雷厄姆打电话，提出了一个不寻常的请求。格雷厄姆回忆说："他少见地打电话给我，然后说：'我现在意识到，我们已经发展到我要把自己当成一个 CEO 的阶段，我得思考更多的事情，不能满脑子都只想着我一辈子都在思考的那些东西——代码等等。所以，我想跟在你身边实地学习三天。'我心想，这太荒谬了。这是我有生以来听到过的最愚蠢的事之一。我向马克解释说，我这个首席执行官和他的角色差了十万八千里。但他说'不，我就是希望跟着你学习'。"

扎克伯格顺利完成了三天的实地学习，他寸步不离地跟着格雷厄姆，深入了解这家世界上最大的报纸之一的内部运作，几乎没人认出他来。格雷厄姆说："我带他去参观我们的报纸是如何运作的。这是一次纯粹的模拟体验，完全是旧技术。报纸被印刷出来后，被装上卡车运走。显然，这和他的世界截然不同。不过，他仔细观察着人们之间的关系。"

扎克伯格跟随格雷厄姆在《华盛顿邮报》实地学习两年后，他再次打电话，提出了另一个请求，这次是想看看格雷厄姆是否愿意把他介绍给杰夫·贝佐斯，因为他也想跟着后者实地学习。格雷厄姆将这一请求转达给了贝佐斯，不过，在那次不为人知的《华盛顿邮报》实习之旅后的几年里，扎克伯格已经成为商界名人。贝佐斯（他后来从格雷厄姆手中买下了《华盛顿邮报》）亲自回了电话："那么做将是一件有趣的事，但是，唐，让所有人看到马克跟在我身后学习，会让我彻底什么事都干不成，基本上就像带着安吉丽娜·朱莉（Angelina Jolie）^①四处考察一样。"

我问格雷厄姆，贝佐斯和扎克伯格是否有相似之处。他回答说，是的，两人都对新想法持开放的态度，甚至包括一些很疯狂的想法，而且完全不在乎它们是从哪儿冒出来的。格雷厄姆说："我突然冒出一个匪夷所思的想法，向杰夫提议，让他考虑买下《华盛顿邮报》，但我没有做任何推销。而他，尽管从来都没有动过这个念头，最终还是接受了我的建议。"

通路

扎克伯格善于倾听和学习，但他同时也很果断。他的反馈文化确保员工及其创意不受公司等级制度的束缚，但扎克伯格并非经营着一个没有等级制度的组织。当他提出要求的时候，脸书上下会全力以赴。这使得通畅的渠道成为脸书经营之道的核心，通过这些渠道，不断涌现的构想顺畅地传达到扎克伯格手中。扎克伯格主要通过四种方式获取构想：周五问答会、脸书的内部讨论群组、他的核心内圈和他的产品评论。

扎克伯格周五问答会的历史可以追溯到 2005 年，当时，脸书还

---

① 美国著名女影星。——译者注

是只有一间办公室的小公司，那时它被称作"周五小聚"。脸书资历最深的雇员之一，负责公司产品管理的副总裁娜奥米·格莱特告诉我："当时，我们就是简单地叫一些中餐外卖，聚在一起放松一下。"现在，问答会将在一家大型自助餐厅举办，并有专人主持，脸书公司还会直播这些问答会。

扎克伯格举办问答会的目的是及时了解公司动向。他想知道"人们在想什么，他们都关心什么，他们会提出怎样的问题，又会用什么语气"。脸书人力资源负责人洛丽·戈勒（Lori Goler）告诉我。这个活动打开了一扇大门，让公司内任何人都能够说出他们对公司下一步应该进行什么创新的想法。"他们可能会就某项产品战略发问，并在提问的过程中说'这是我对这个产品的反馈，你在战略方面有什么想法？'。"

脸书员工还活跃在数百个内部讨论群组中，讨论各个产品，询问其他团队的意见，并评价其主管的表现。这些讨论群组有助于想法源源不断地涌向扎克伯格及其副手，他们自己也会迸发创意并参与讨论。在认识到这个内部社交网络的商业价值后，脸书将其转变成一个名为 Workplace 的产品，其现在的客户已经包括沃尔玛、达美乐和 Spotify[①]。

扎克伯格的核心内圈也在向他输送构想方面发挥着重要作用，他

---

① Spotify 是一个正版流媒体音乐服务平台。2019 年 10 月，Spotify 在 Interbrand 发布的全球品牌百强榜排名第 92 位。——译者注

试图让自己身边包围着一群敢于说真话、不怕得罪人的人（尽管我们很快就会看到，这些人所进的箴言并不总能成功）。脸书的领导团队十分推崇沃顿商学院教授亚当·格兰特（Adam Grant）所著的《沃顿商学院最受欢迎的思维课》（*Give and Take*）。该书将人分为四类：亲和力强的付出者（agreeable givers）、亲和力弱的付出者（disagreeable givers）、亲和力强的索取者（agreeable takers）和亲和力弱的索取者（disagreeable takers）。这个分类简单明了。亲和力强的人会被他人所喜欢，而亲和力弱的人则令人讨厌；付出者为了公司付出，索取者则从公司索取。

格莱特告诉我，脸书的最高领导层并不全都是亲和力强的付出者。她说："马克曾经谈到过，并且我们领导团队也曾谈到过的一件事，那就是在我们的组织中，一些最有价值的人是亲和力弱的付出者。我们必须努力保护那些人。我曾经看到马克将自己包围在亲和力弱的付出者当中。他们不会只拣你爱听的话说，而是会告诉你他们的真实想法。"

这就解释了为什么扎克伯格会让彼得·蒂尔（Peter Thiel）这位充满争议的风险投资家进入脸书的董事会。"很多人都不希望让彼得进入自己的董事会，因为他极其喜欢唱反调，但马克却这么做了，"多年来和蒂尔同为董事会成员的唐·格雷厄姆表示，"彼得最初成为董事，是因为他是脸书的早期投资者。但马克之所以希望他留任，正是因为彼得一直为推进那些马克不同意的想法而大声疾呼。"

扎克伯格现在只有 36 岁，但他使自己的核心内圈遍布更有经验的人，以便能向他们学习。这正是谢丽尔·桑德伯格可以发挥作用的地方。扎克伯格 23 岁的时候，他意识到自己需要别人的帮助发展公司业务，于是主动联系了桑德伯格。当时，桑德伯格是谷歌负责全球在线销售和运营的副总裁，曾在克林顿总统任期的白宫工作，多家硅谷公司曾向她递出过首席执行官的橄榄枝。在联系桑德伯格之前，扎克伯格完全掌控着脸书公司，他向桑德伯格提出由她掌管脸书的广告、政策和运营部门，希望能吸引她加盟。桑德伯格给格雷厄姆打了个电话，侧面打听了一下情况（格雷厄姆在克林顿卸任后曾邀请她到《华盛顿邮报》工作），随后，桑德伯格便加入了脸书，并一直担任其首席运营官。

桑德伯格帮助脸书成长为一家价值数十亿美元的企业，没有她，脸书将无法发展到今天的水平。但在脸书公司最近的丑闻中，她身陷旋涡中心。脸书用户对该公司的不信任感部分来源于她麾下广告销售团队对数据的渴求。而她的团队在 2016 年美国大选期间同意接受以俄罗斯卢布购买美国政治广告，这仍然是科技公司有史以来最令人费解的决定之一。桑德伯格专属会议室的名字是"只有好消息"（Only Good News），[1] 这也颇为奇怪，因为正是她帮助建立了脸书公司的反馈培训课程。

在放手让桑德伯格负责脸书的业务后，扎克伯格把精力集中（可能过分集中）在创建新的产品和服务上。他将下午的大部分时间都花在与产品经理开会、审查他们的工作上，并决定他们下一步努力的方向。这些产品经理的反馈在决定公司的发展方向上起着重要作用。

"至少在内部，马克拥有一个能听得进意见的好名声。"脸书前董事、《回归商业常识》（*Becoming Facebook*）的作者麦克·霍夫林格这样对我说。

从商业角度来看，脸书的反馈文化将被证明是至关重要的，因为一场重大的计算转移可能会颠覆这个年轻的社交网络。

脸书的创业第一天

2011 年，脸书曾经陷入过困境。当时，该公司建立了一个功能强大的网站，但其移动应用程序则问题多多，速度缓慢，成为公司的一大拖累。当时，人们逐渐开始使用移动设备而不是台式机上网。随着他们将越来越多的时间花在手机上，脸书面临失去用户兴趣而因此出局的风险。

脸书的应用程序之所以不尽如人意，主要是因为该公司拒绝调整程序开发以适应移动应用。在建立适用于台式计算机的网站时，脸书能够及时发布新功能，随后查看数据，进行调整，并再次发布新版本。它可以每天无限次地更新站点，因为加载每个新版本只需要刷新一次。但在构建移动应用程序时，脸书受制于 iOS（苹果公司为其移动设备所开发的专有移动操作系统）和安卓冗长的审查流程，灵活性大打折扣。

随着移动应用程序的使用率不断上升，扎克伯格试图通过强行套用脸书桌面系统的方式来开发移动端，建立一个移动网站，并为 iOS

和安卓系统的原生代码添加一个"程序包装器"（wrapper）。这个"程序包装器"使脸书的网站可以看上去像一个应用程序并在应用程序商店上架，并且仍然可以每天多次更新。但这一混合性质的产品使其性能大打折扣，因而需要有一个人站出来，指出扎克伯格的问题。

这个人是科里·昂德里卡。在一次"周五问答会"后，脸书移动工程副总裁昂德里卡将他拉到一边，表示公司需要重新考虑其在移动领域取得成功的方式。昂德里卡认为，脸书不应尝试保留旧的方式，而应在原有的基础上开发在移动操作系统上运行的代码。要做到这一点，扎克伯格需要接受脸书迭代的自由度将会降低的现实，但这样做也将为其应用程序提供正常运行的机会。

昂德里卡说："我告诉扎克伯格，我们现在努力的方向无法让我们实现目标，所以我们需要改变路线。做出改变确实将非常困难，但我知道新的方法能够奏效。"

扎克伯格愿意试一试昂德里卡的想法，给了他一个小团队，开发一个实验性的原生应用程序。几个月后，昂德里卡团队开发的实验性程序的表现开始优于脸书基于网站的移动应用程序。当扎克伯格对此进行审核时，他无法否认事实，因而将整个公司的重心转移到构建原生应用程序上。

扎克伯格对我说："我确定我最初的反应是'你确定吗？我们要不要再做一下压力测试？'但随着时间的推移，我的反应变成了'好吧，好吧，如果这确实是事实，那么显然公司的计划要做出巨大调整，而我们现在就得这么做。让我们想想清楚这意味着什么。'"

构建原生应用程序意味着脸书的运作方式将发生重大改变。公司不得不重新考虑发布新功能的频率，从一天几次改为每两个月一次（这一时间最终缩短，现在几乎恢复正常）。它还不得不重新设计自己的招聘方式，招聘原生应用程序开发人员，而在此之前，脸书会在筛选过程中将这些人筛除。同时它还不得不培训现有的工程师队伍，以适应原生操作系统。2012 年 8 月，脸书发布了一款原生 iOS 应用程序，与其基于网络的应用程序相比，这款应用程序速度更快，错误更少。[2] 4 个月后，它发布了同样的改进版 Android 应用程序。重建应用程序使得脸书的表现大为改观，但昂德里卡还没有满意。

在开发的过程中，昂德里卡带着更多的反馈又找到扎克伯格。他画了一条曲线，显示出脸书用户正在迅速转向移动设备，并且公司的移动应用程序使用率也在持续上升。因此，公司需要继续做出改变。

"我观察了增长曲线，并据此以温和的加速预测了未来增长趋势。这就是你现在看到的这条曲线，你肯定会说我们根本不可能实现它。即便我们只是接近这条曲线，移动业务很快就将占据总业务的一半以上，"昂德里卡说，"我们从未低于过预期，向移动端转换的速度甚至更快，超过了我画的这条疯狂的曲线。"

面对那张图表，昂德里卡建议扎克伯格解散脸书现有的移动团队，使整个公司的开发全部转向移动端。扎克伯格很快采纳了这个建议，他告诉他的产品经理，自此以后，他们只能在移动设备上给他做演示。谁如果只是带着一个台式计算机演示模板过来，谁就会直接被赶出他的办公室。这成为脸书的一个转折点。公司的移动端体验得到了显著改善，如今，脸书已有九成以上的广告收入来自移动端。[3]

坊间传闻，脸书做出移动转型是因为扎克伯格获得了顿悟，并在智能手机时代出色地重新定位了自己的公司。这其实不太对。真正的故事是扎克伯格建立了一种反馈文化。当员工接受了这种文化后，他们会给他带来新的想法，这些想法会迫使他做出一些艰难的决定，重新思考公司的运营方式，并最终将脸书从灾难中拯救出来。

从共享到私享

尽管脸书幸运地实现了移动转型，但几年后，公司又遭遇另一个危险时刻。当时，其最重要的信息流产品 News Feed 变得呆板乏味。在脸书发展早期，News Feed 充满活力，毫不因循守旧，并且惊喜不断。当你打开它的时候，你可以找到各种意想不到的东西，从疯狂的派对照片到不寻常的状态更新，这些都是朋友和熟人之间的状态更新，试图以委婉的方式来卖弄风情（但显然被一眼看穿）。

随着脸书的发展，部分得益于它在移动端的出色表现，News Feed 也发生了变化。人们不断地相互建立联系，将自己的社交网络从小型朋友圈变成了几乎囊括他们在生活中遇到的所有人。随着人们社交网络的发展，他们开始自我审查发布的信息，因为他们不希望自己遇到的每个人都能看到自己真实的一面。

随着人们在脸书上建立更大的人际网络，News Feed 的算法也需要考虑更多的帖子。它会优先考虑那些能引发更多参与的帖子，于是它开始展示人们生活中最美好的部分：订婚、婚礼或是宝宝出生。被这些重要时刻的帖子所包围，人们越来越不愿意分享比较随意的帖子，担心自己这样做会显得太过轻浮。因此，到了 2015 年，人们在脸书上分享的原创帖子越来越少，News Feed 则丧失了其原来的生命力。[4]

脸书的高管们意识到这是一个重大问题，并采取行动来解决这个问题。脸书应用程序负责人费姬·西莫告诉我："我们看到，News Feed 给用户带来的压力越来越大。在我们进行调研时，人们告诉我们，'他们觉得现在进行分享没有两年前那么舒服了。这绝对是一个警告信号，表明你需要创新并找出解决方案。'"

尽管脸书现在已经有超过 15 亿用户，[5] 但它必须为用户提供机会，让他们可以在更小的圈子里和更具针对性的人群进行分享。公司又一次不得不做出全面改变。

脸书转型所需的第一个要素很自然地实现了。由于用户出于各种忧虑，不愿意将自己的生活分享给自己认识的所有人，于是他们很自然地开始在脸书群组（Facebook's Groups）中分享更多的东西，脸书群组旨在让志趣相投的人建立网络。举例来说，初为父母的人觉得向其他新手父母们提出育儿问题远比向他们朋友列表中的所有人提问舒服得多。所以他们开始在父母群组中进行分享。

"从 2015 年和 2016 年初，大家的热情高涨，"西莫在对我谈到群组时表示，"原因很简单，就是用户使用率不断上升。我们并没有做什么特别的事。但是，人们疯狂地使用这款产品。"

随着群组的用户以每个月数千万的数量不断攀升，[6]脸书开始大力推动这些群组。它为群主开发出新的工具，针对"有意义的"群组成员数设定了很高的内部目标，并开始在公开信息中推销群组。群组中的帖子会出现在其成员的 News Feed 中，从而令后者恢复了一定活力，并使脸书再度成为一个可以舒适地发帖的地方。西莫说："群组绝对会为脸书应用程序和 News Feed 增添活力。绝对是这样的。"

尽管群组给 News Feed 注入了至关重要的活力，但并没有解决在朋友和家人之间进行分享的问题，而这才是脸书的立身之本。与此同时，其他平台跃跃欲试，开始为用户提供这种形式的分享方式。

"硅谷最具中国特色的公司"

就在脸书努力解决其 News Feed 产品问题之时，即时通信应用 Snapchat（色拉布）这个由雄心勃勃的斯坦福大学毕业生埃文·斯皮格尔（Evan Spiegel）联合开创的新兴应用，推出了名为"Stories"（故事）的功能，这个功能让人们可向朋友分享照片和视频，这些照片和视频将留存一天，然后消失不见。Snapchat 的用户非常喜欢 Stories 给他们提供的可以随心所欲发帖的自由（这与脸书截然不同，在脸书上发帖，你的帖子将会被列表中所有人看到，并将永远保存在那里），因此，这款应用程序的使用量激增。斯皮格尔先是拒绝了扎克伯格 30 亿美元的收购邀约，现在又给了他沉重一击。在社交媒体的零和游戏中，用户花在一个平台上时间，正是他不会再花在另一个平台上的时间，斯皮格尔拥有活力和分享量，并且正在推动他的公司迈向炙手可热的公开上市。

在 Snapchat 飞速崛起的背景下，一位年仅 18 岁、名叫迈克尔·塞曼的开发者加入了脸书。塞曼曾经开发出一款游戏，吸引了扎克伯格的注意，于是脸书公司在 2015 年聘用他为全职工程师。在新员工入职培训中，塞曼听到许多有关脸书领导人会倾听任何人想法的谈话，并将这一信息牢记在心。"我对此深信不疑。"他告诉我。在入职培训结束前，他快速地做了一个演示，介绍了青少年是如何使用技术的（他们已开始渐渐转向了 Snapchat），以及脸书应如何为他们打造应用程序。

尽管塞曼刚刚勉强达到可以买彩票的年龄，但他开始向脸书的高管们展示自己的想法，并且很快就直接站到了扎克伯格面前。他的演示在最初并没有给人留下深刻印象，但时任脸书产品负责人的克里斯·考克斯说服扎克伯格给塞曼一个小团队进行实验。塞曼告诉我："当时我并没有什么蓝图，只是有一些想法。人们认为应该让我充分发挥创意，他们正式雇用我来发挥创意，完全没有问题。"

随着时间的推移，塞曼看到他的同龄人在脸书家族的应用程序上分享的东西越来越少，而在 Snapchat 上分享的越来越多。他将注意力转向了 Snapchat 的 Stories，认为脸书应该将这一功能融入自己的产品。他说："我希望公司意识到 Snapchat 对我们的生存是一种威胁，希望能够引起脸书公司的忧患意识。"

塞曼将他的担心告诉了扎克伯格，扎克伯格也已经从其他人那里听到过类似的言论。仍是青少年的塞曼是无价之宝，他可以帮助扎克伯格领会 Snapchat 的文化。"他会告诉我们，'这是我关注的媒体'，或者'这是我认为有影响力的人，他们很酷'，"扎克伯格说，"于是我也会关注那些人，或者跟他们谈谈，请他们加入。这最终成为一个发现关键问题的过程。"

扎克伯格表示，自己在 Instagram 上关注了这些时尚达人，并确认自己也是 Snapchat 的用户。他告诉我："我会试着使用所有这些应用。你如果想学习，会发现有很多的教训，人们会告诉你哪些东西你本来能够做得更好。只要你真心希望了解他们的需求，人们会告诉你很多东西。"

这种实验曾经给扎克伯格带来了一些意想不到的收获。他告诉我，当他们最初考虑正式在脸书上开发一个约会服务时，他注册了所有的约会服务应用。他给他的妻子展示了其中一个应用程序。在那个应用程序中，他每天会和一个人配对。扎克伯格说："这就是那个应用程序推荐给我配对的人。"然后她说："嘿，我明晚正要和她一起吃晚饭！"那个应用程序认为他和他妻子的朋友很匹配。他并没有说那顿饭最终吃得怎么样。

塞曼证实，扎克伯格是一个愿意学习如何玩转 Snapchat 的好学生。塞曼说："他会向我发送阅后即焚的快照，而我会对他的快照做出评论。"有时我会说："不，马克。这个不是这么玩儿的！"

在塞曼和其他人的推动下，脸书内部对 Stories 的支持不断高涨，并最终赢得了扎克伯格的首肯。2016 年 8 月，脸书的高管们召集媒体来到公司，向他们展示了一款名为 Instagram Stories 的新产品。这个产品完全复制了 Snapchat Stories，抄袭了包括名字在内的所有内容。当时担任照片墙（Instagram）首席执行官的凯文·塞斯特罗姆（Kevin Systrom）曾经向斯皮格尔和他的团队表达了敬意，他对 TechCrunch[①] 表示："他们应该得到所有的荣誉。"

对 Stories 进行抄袭是一种残酷无情的做法。它极大地减缓了 Snapchat 的增长速度，并极有可能导致其母公司 Snap Inc. 数十亿美元的价值灰飞烟灭。截至本书撰写之时，该公司的股价已经跌破上市价格。备受打击和削弱的 Snap 公司目前正在向联邦贸易委员会（FTC）的反垄断调查人员投诉脸书所采用的反竞争策略。它们将相关档案命名为"伏地魔计划"，[7] 这是《哈利·波特》故事中大恶魔的名字。

无论脸书是否真的是恶魔，如果未能及时推出 Stories，脸书肯定将陷入严重的麻烦，而 Instagram Stories 帮助脸书重新夺回了几年前失去的亲朋好友间的分享，并使其应用程序重现活力。根据 eMarketer（全球知名的市场研究机构）的数据，脸书在美国的青少年用户仍在以每年约 3% 的速度流失。但如果没有 Stories 以及对即时讯息（另一种亲密分享的形式）的重新关注，情况可能会更糟。因

---

① TechCrunch 成立于 2005 年 6 月，是一个聚焦信息技术公司报道的新闻网站，其关注的公司大小各异，从创业公司到纳斯达克指数所包含的顶尖企业都有涉及。——译者注

此，抄袭是一种自我保护的行为。

塞曼认为，脸书之所以能够与时俱进，是因为它对自己的市场地位拥有清醒的意识。脸书只是一个互联网应用。尤其是在 2015 年和 2016 年，它就只是一个互联网应用而已。任何一个其他应用程序都有可能横空出世并击败它。"而马克的态度是，人们想要什么，我们就给他们什么。他有一点过度谨慎，也有一点过度警惕。他肯定并不认为自己的产品是永恒的。"

李开复在其著作《AI·未来》中写道，在复制和迭代产品早已成为常态的中国，脸书被誉为"硅谷最具中国特色的公司"。在李开复对湾区的一次常规访问中，我和他有过一次面谈，并问起他对扎克伯格的看法。"我们为什么要污名化模仿？"他说道，"难道我们不是每一次都首先从模仿中学习的吗？我们不正是通过模仿莫扎特和贝多芬来学习音乐的吗？我们不正是通过模仿老师教授的各种风格来学习艺术的吗？通过模仿，你可以了解你正在建造之物的本质，然后你就可以进行创新和建设。显然，模仿是开始做一件事的一种合理方式。"

脸书从抄袭 Snapchat Stories 伊始，就在其上进行迭代并加以改进。现在人们普遍认为它的版本比 Snapchat 的版本更好。脸书的一些改进确实非常好，以至于 Snapchat 又把它们原封不动地抄了回来。

在社交网络的墓地里，埋葬着许多社交网络公司的遗骸，这些公司曾经看上去势不可当，但最终都因为傲慢或无法创新而悄然逝去。聚友网（Myspace）、LiveJournal、Foursquare、Friendster 和 Tumblr 都在其中。而脸书则在持续创新并保持着领先地位，这在很大程度上得益于它的反馈文化。

"我们当然更愿意是一个天才，并率先创新，"李开复对我表示，"但如果做不到这一点，那么就先去抄，然后再迭代。"

深入机器内部

2012 年初，两位以色列企业家吉尔·赫希和伊登·舒查特亲自前往脸书的总部开会。他们的公司 Face.com 正将其面部识别技术授权给脸书，用于其"标签建议"（tag suggestions）功能，而他们在门洛帕克的合作伙伴想见面一谈。这项功能在今天仍在使用，它可以识别照片中的人物，并鼓励人们为这些人打上标签。

两位企业家抵达脸书的办公园区后，走入一个会议室，准备与脸书的产品团队进行会谈，至少他们当时是这么想的。令他们大吃一惊的是，他们见到的是扎克伯格本人，而扎克伯格开始向他们提出一个又一个问题。当时，脸书还无法自行开发出标签建议等功能，因为识别照片中的人脸需要机器学习领域的专业知识，而这是脸书当时尚不具备的能力。此时，赫希和舒查特则在扎克伯格的产品中出色地应用了计算机视觉，因此他渴望更多地了解他们在做什么。"马克从一开始就充满好奇，"舒查特说，"他知道一些有意思的东西正在出现，而他想了解这种技术。"

在接下来的 90 分钟里，扎克伯格详细询问了赫希和舒查特对于计算机视觉和面部识别技术未来的想法。谈话快结束时，他的注意力转向了收购。他在离开会议室之前说道："如果合适，我们应该做这件事。"6 个月后，脸书以至少 5500 万美元的价格收购了 Face.com。[8]

当脸书的工程师们接触到 Face.com 的技术后，他们开始了解机器学习的潜力，脸书的高层决定对这项技术进行长期的重大投资。就在那一刻，扎克伯格开始向全球最杰出的人工智能研究者之一扬恩·莱肯（Yann LeCun）抛出了橄榄枝。

2013 年春天，扎克伯格提议莱肯加入脸书，公司将为他建立一个人工智能实验室，在那里他可以随心所欲地进行与人工智能相关的任何研究，条件是在需要时帮助脸书应用这些技术。莱肯住在纽约，并在纽约大学任教，他说如果能留在纽约并继续教书，他就同意这个提议。扎克伯格同意了他的要求，于是莱肯接受了扎克伯格的提议。几乎一夜之间，脸书就从一个人工智能领域的白丁变成了企业人工智能研究领域的全球领导者。

脸书首席技术官迈克·施罗普弗（Mike Schroepfer）参与了邀请莱肯加盟的过程，他告诉我："在过去的几十年里，仅有三四个人在人工智能领域做出过开创性的工作，扬恩·莱肯就是其中之一，而我们幸运地找到了他。"

当这一切发生的时候，曾经在剑桥大学教授机器学习课程的研究员华金·坎德拉（Joaquin Candela）正悄然隐身于脸书的广告部门，利用他的专业知识预测人们何时会点击广告。坎德拉很喜欢他的工作，但是当脸书吸引莱肯加盟后，他的新机会出现了。公司需要一个能将莱肯的研究成果应用到脸书产品中的人，而坎德拉的研究背景符合这一要求。2015 年秋天，脸书任命他为应用机器学习部门（applicated machine learning）主管，这是一个新成立的部门，负责将莱肯的研究成果付诸应用。

2016 年 6 月，我第一次见到坎德拉时，他刚上任不到一年，一脸严肃地对我说："今天，如果没有人工智能，就不会有脸书。"我礼貌地点头同意，并没有真心信服。但在三年后的今天，我完全相信他的话。如果没有人工智能，脸书将无法管理支持其产品所需的大量执行性工作。脸书直播平台（Facebook Live）就是一个绝佳的例证。

2015 年 12 月，扎克伯格的产品团队推出了"直播"功能，[9] 人们只需轻轻按下一个按钮，就能在脸书上直播。这项功能使得在脸书上发布视频比以往任何时候都更容易，为大量新内容的涌入打开了大门。脸书直播平台早期的一些视频很有趣，例如，有一个视频是一位女性戴着楚巴卡①（Chewbacca）面具笑得无法自持。但不可避免的是，也有一些视频非常糟糕。在脸书直播平台正式发布后不久，在 BuzzFeed 的新闻编辑室里，我的一位同事曾大声质疑这个新产品的走向。"有一天有人会用这个直播枪杀的。"他总结道。

这个预言没过多久就成真了。2016 年 2 月，就在 Facebook Live 正式推出 3 个月后，一位名叫多尼莎·甘特的佛罗里达女性在自己的车中被枪击，她随后开始了直播。[10] "妈妈，我在流血，"她说道，"我

---

① 楚巴卡（Chewbacca）是系列电影《星球大战》中的人物，是体型高大、身披毛发的战士，以富有力量和忠诚而闻名。——译者注

知道他们开枪打中了我，但我感觉很好。感觉非常好。上帝宽恕我所有的罪恶。上帝原谅我的一切。"

紧随甘特直播枪击事件之后，Facebook Live 上以每个月两次左右的频率不断出现暴力视频，[11] 包括谋杀、强奸、虐待儿童、酷刑和自杀等各种行为。这些视频极大激发了人类病态的好奇心，并被迅速大量转发。其中，现场直播的自杀事件尤其令人震惊，人们担心这可能导致大量的模仿行为，考虑到脸书的规模及其在年轻人中的巨大影响力，这种可能性令人恐惧。

随着此类问题成为公众关注的焦点，扎克伯格打电话邀请我见面，这就是我们初次会面的背景。在他即将发布的那份长达 5700 字的声明中包含了一些新举措，以使脸书公司能够对网络上发布的内容更强有力地进行干预。根据这些举措，脸书将更经常地介入，以保护其用户免受仇恨性言论、恐怖主义宣传、暴力图片视频以及网络霸凌的侵害。

由于需要借助人工报告和审核不良内容，脸书能够解决的问题十分有限。扎克伯格表示："现行的制度是由人工来向我们报告不良内容。我们需要审查海量的内容，一个月审查的内容超过一亿条，我们已经组建了一个庞大的团队来审核这些内容，但每天都有几十亿条内容在脸书上发布，如果算上即时讯息和评论，那么每天发布的讯息高达数百亿条。我认为无论我们雇用多少人，都不可能对这些内容进行完全审查。我们要想做到这一点，唯一方法就是开发出人工智能工具。"

扎克伯格关于使用人工智能主动标记和审查帖子的建议不仅是一种理论。在我们进行对话之前，他已经指示坎德拉的团队弄清楚如何做到这一点。脸书拥有迄今为止最广泛的人类行为数据集。它知道我们是谁，我们都喜欢什么，做些什么，以及在出现问题时我们如何应对。这个数据集从本质上讲与亚马逊20年积累的购买行为数据十分类似。就像亚马逊可以通过其机器学习系统运行这些数据，弄清楚我们将要购买什么商品一样，脸书也应该能够通过其系统运行数据，分析出某个视频何时将播出暴力或自残行为。

扎克伯格在谈到这些系统时警告说，人工智能尚无法独立完成这项工作。他说："我们的目标是增强人工处理能力。人们在指出人工智能的局限性时，想的是由计算机系统来完成所有这些事情。而在不久的将来实际上将要发生的是，一旦我们开发出一个人工智能系统，这个系统显然不会是完美的——它将会有各种各样的问题——但是我们希望，它至少能够识别出一些有必要提醒人类进行审查的内容。"

就在我们进行对话之时，脸书的人工智能系统已经在主动检测扎克伯格希望能够捕捉到的一些内容，并将其传递给审查部门。通过与人工智能系统一起工作，脸书的版主变成了审计师，就像亚马逊的供应商经理一样。脸书的人工智能系统能够处理远远多于任何人类员工能够审查的内容，并决定某些内容是否值得进行人工干预。人工智能还将对版主的帖子进行重新排序，把真正需要采取行动的帖子放在最上方，然后由版主审查这些帖子，并确定人工智能是否做出了正确的选择。

为了让这些系统有效地工作，脸书也需要正确的输入项，坎德拉的团队开发出更多的工具，以供公司的人工智能团队使用。这些被命名为 Cortex 和 Rosetta 的工具帮助脸书员工指导人工智能系统特别寻找哪些类型的帖子。他们可以注意到这些系统中的关键字和行为，使这些系统可以主动寻找具有类似属性的帖子。

有了这些工具的辅助，一个脸书员工的处理能力可以呈指数级增长。他们不是坐等审查由人类标记的帖子（通常由不了解脸书政策的人标记），而是可以总结出值得采取行动的帖子的特征，并指示脸书的人工智能在每天发布的数百亿条帖子中寻找这些帖子。

扎克伯格谈到自杀行为时变得特别激动。他说："作为脸书的经营者，很难做到心安理得地认为可以什么事都不做，因为没人向我们报告会发生这样的事。"

"如果看起来有人可能会自残或自杀，我们希望能够把这样的人标记出来，以便实施救助的人能够找到并帮助那个人，或是为有自残或自杀倾向的人寻求他们需要的帮助。"

不到一个月，脸书宣布大规模推出一款基于人工智能的自杀预防工具。[12] 该公司表示，在判断脸书团队是否需要发送帮助请求时，这个工具已经比人类更加准确。

大约一年后，脸书产品管理副总裁盖伊·罗森发布了整个计划的执行情况。[13] 他表示，脸书的人工智能系统帮助公司主动审查了包含裸体、仇恨言论和图片内容的帖子，它还自动清除了恐怖分子的宣传内容（在一个财政季度内就有将近 200 万条）。同时它还会向脸书的版主发出警告，提醒他们注意那些考虑自残的人，而版主将向这些人抢先发送响应，这样的情况已经超过千次。

脸书应用程序负责人费姬·西莫告诉我："谈起人们在脸书直播平台上直播自杀的事件，你很难告诉自己说，'平台上有那么多美好的东西，我大可以把它们挑出来抛在一边'。现在，我们的人工智能能够监测到这些内容，实时给绝望中的人们带来希望，向地方当局通报信息，拯救生命。我们的系统是夜以继日地这样做的。首先，这种能力本身就会产生巨大的影响。其次，它还能让我们对产品得到恰当的使用更有信心。"

坎德拉雄心勃勃的预测完全正确。如果没有人工智能，就不会有今天的脸书。如果没有人工智能，可怕的帖子将拖垮公司的产品，使其产品团队束手无策，并使领导层疲于应对。但脸书的人工智能系统还远远不够完善，并且正如最近的报道所揭示的那样，它的一些版主工作条件极其恶劣。[14] 随着时间的推移，这些系统肯定会越来越好，这其中既包括人工智能技术的提升，也包括脸书在外界的压力下不断改善其版主的工作条件。

在这些工具的帮助下，脸书的员工可以专注于创造新的想法，其领导层也将有足够的精力来考虑这些新想法，并不断将它们付诸实践。

自动化薪酬系统

算法（无论是人工智能还是其他算法）已经极其有效地减少了脸

书内部的执行性工作，以至于公司的人力资源部门正在使用算法来确定员工的薪酬。脸书公司人力资源主管洛丽·戈勒（Lori Goler）告诉我："我们的薪酬完全是公式化的，员工的个人绩效评级和公司绩效相结合，将决定员工的奖金、涨薪幅度、股权授予等所有薪酬内容。"

脸书在21世纪第二个10年初期建立了当前的薪酬体系，当时，其人力资源团队认为算法可能比人类更高效、更公正。经理和下属员工往往会浪费大量时间处理薪酬问题。掌握着可自由分配涨薪数额的经理也可能不成比例地奖励与他们相似的人，从而导致不公现象。同样地，基于绩效评级的统一加薪系统也远非完美。由于缺乏经过深思熟虑的评估标准，并且脸书一直过于强调增长性指标，可能导致人们过分偏向产生高评分的工作。但是，算法如果实施得当，则可以确保在加薪时尽可能地减少偏差。

"我们把所有的自由裁量权都从薪酬体系中剔除，因为自由裁量权会导致组织偏见，并进而引发不公平的结果以及不同性别和种族的数据差异，"戈勒表示，"一旦拿掉了自由裁量权，剩下的标准将更加客观。"

脸书基于算法的薪酬模型将个人绩效评级放在中心位置。员工个人绩效评级为五分制，从"未达到预期"到"超预期"，这些都被输入算法系统，由系统将它们与公司的整体绩效共同考虑，以最终确定薪酬。

绩效评级每六个月进行一次，届时脸书将对员工个人和公司整体的绩效进行评估。在这一过程中，员工会从与他们共事的每个人那里得到反馈。然后，经理将审阅反馈，给出一个评级，并带着这些评级参加"校准会议"。在"校准会议"中，经理们将与同事讨论每位下属的评级，并根据需要进行调整。举行校准会议的目的是确保每个员工的评级都是公正的。

到这些会议结束时，每位员工的最终评级将被确定，这个数字将进入系统，而系统会输出薪酬数字。这个数字就是员工的最终薪酬。"你不能要求更多的钱。"戈勒说。

这种确定薪酬的技术进一步减少了执行性工作，并为创意留出更大空间。"你肯定不希望每天都和团队成员谈论薪酬，"戈勒说，"你大概会希望它在你讨论自己升职的时候，每年发生一次，这样就足够了。在剩下的时间里，你只需专注于自己的工作。"

新的输入项

2018 年 4 月 10 日清晨，我走进华盛顿特区哈特参议院办公大楼的一间大型听证室，房间里挤满了记者，其中许多人是我在旧金山记者聚会中的老熟人，参观走廊里也挤满了人。记者们肩并肩地挤坐在长长的木桌旁，这一天显然将比平时更忙碌。环顾四周后，我找了个地方坐下，打开笔记本电脑，放下咖啡，并祈祷咖啡不会洒出来。

人们交头接耳，房间里充满了期待的气氛。参议员们鱼贯而入，等待时不时滑动自己的手机屏幕。参观走廊里的人们左顾右盼，尽力想看清楚房间的全貌。记者们则不时查看一下推特。终于，马克·扎克伯格走了进来。

　　自从我们在门洛帕克初次见面后，时间已经过去了 14 个月，对扎克伯格来说，这是艰难的 14 个月。当时，脸书披露，在 2016 年大选期间，它未能识别其平台上受克里姆林宫支持发起的大规模的虚假信息宣传。[15] 进一步的报道显示，数据分析公司剑桥分析公司（Cambridge Analytica）在唐纳德·特朗普的总统竞选活动中非法滥用数百万脸书用户的数据。[16] 这些行为损害了脸书的声誉，影响了它在全球公众心目中的形象，并导致了参议院司法和商业委员会对扎克伯格的约见。

　　看到扎克伯格走进门来，我不禁好奇，这个如此执着于寻求反馈、如此坚决地想知道别人在想什么的人，为什么会对他自己提供的服务中的漏洞视而不见呢？如果我的同行确信 Facebook Live 直播服务最终会导致人们直播枪击，为什么扎克伯格没有预料到呢？如果很显然俄罗斯已经发起了一场旨在破坏美国民主进程的大规模宣传战，为什么他会说脸书平台上的虚假信息可能影响 2016 年大选结果是一个"疯狂的想法"？为什么有关剑桥分析公司的报道刊出时，他会显得如此措手不及，沉默了好几天才做出回应？

　　上述问题的答案是关于反馈系统本质的重要一课。尽管扎克伯格要求人们提供反馈，但简单的询问行为本身是不够的。就像机器学习系统一样，反馈系统的效果完全依赖它的输入项。尽管扎克伯格让自己的身边围绕着直言不讳的人（这些人会告诉他不那么动听的意见，并帮助脸书改进产品和发展广告业务），但他们几乎都是技术派的乐观主义者，坚信脸书的所作所为"天生是好的"，而很少花时间思考可能出现的问题。正如我和我的同事瑞安·麦克和查理·沃泽尔在 BuzzFeed News 上所报道的那样，安德鲁·博斯沃思这位绰号"博兹"，以直言不讳而著称的脸书高管，2016 年 6 月在脸书内部讨论群组发布了一篇名为《丑陋》的帖子，道出了其中真谛。[17]

> 我们经常谈论我们的工作到底是好还是坏，而今天我想谈谈丑陋。
>
> 我们将人们相互联结。
>
> 如果人们将其用于正道，那它就是好的。也许它能帮某人找到爱情。也许它甚至能够拯救一个意欲自杀的人的生命。
>
> 于是我们将更多人联结起来。
>
> 如果人们将其用于邪门歪道，那它就是坏的。也许它会让某人暴露于网络霸凌之下，并由此付出生命的代价。也许有人会死于恐怖袭击，而这场袭击是通过我们的工具来组织的。
>
> 但不管怎样，我们仍然将人们相互联结。
>
> 一个丑陋的事实是，我们对促成人与人的联结如此深信不疑，以至于我们认为，任何能帮助我们更频繁地联结更多人的东西都"天生是好的"。对我们而言，这可能才是我们真正关心的唯一指标。

博斯沃思在发布这个帖子后表示，他写这个帖子的目的是激发人们的讨论。扎克伯格批驳了帖子中的观点："博兹是一位才华横溢的领导人，喜欢表达具有争议性的观点。多数脸书人，包括我自己，都强烈反对这个观点。我们从来不相信目的能够证明手段的正当性。"

无论博兹的目的是否是要激发讨论，他的帖子都证明，脸书内部并没有充分考虑坏人可以如何利用他们的产品作恶。在心存疑虑的记者与公司产品经理之间的互动中（这些互动往往略显尴尬），后者的极度乐观显而易见。每当脸书邀请记者前来，并向他们介绍一款新产品时，公司的发言人总是极其看好他们的发明，认为其具备改变世界的性质，他们介绍产品的语气近乎傲慢。"Messenger 的新标签将使世界变得更具交流性和表现力，"他们可能会说，"我们非常兴奋，能够将这些标签提供给用户使用，并见证他们使用这些标签做出令人惊叹不已之举。"而与此同时，克里姆林宫则正在研究如何操控他们的 News Feed、群组产品和广告平台来实现其不可告人的目的。

在参议院的听证会中，扎克伯格几乎承认了脸书反馈系统中存在的这一漏洞。"脸书是一家乐观的公司。自成立以来，我们就将大部分精力专注于将人们彼此联结所能带来的一切好处，"他在开场白中表示，"但现在很明显，我们在防止这些工具被用于作恶方面做得还很不够。这包括虚假信息、外国对大选的干涉、仇恨言论，以及开发者和数据隐私，等等。我们未能认识到自己的全部责任，这是一个很大的错误。"[18]

扎克伯格明白自己的反馈系统需要新的输入项，并开始积极增加它们。为了修复其反馈系统，脸书公司开始雇用前情报官员、记者、学者和持反对意见的媒体购买者，并要求他们对脸书的系统进行压力测试。

脸书程序管理和全球运营副总裁贾斯汀·奥索夫斯基（Justin Osofsky）告诉我："我们寻求的是热衷于在风险发生之前发现、识别、理解和解决这些风险的人。"

在2018年美国中期选举前几天（这是继脸书遭遇2016年总统大选的危机后，对其抵御操纵选举能力的第一次重大考验），我会见了詹姆斯·米切尔、罗莎·伯奇和卡尔·拉文，他们三人在第一线见证了脸书如何将这些新的"输入项"整合进其系统。米切尔是脸书风险与响应团队的负责人，该团队致力于发现其内容审核系统中的漏洞。伯奇是公司战略响应团队的项目经理，负责协调脸书各部门的危机响应。拉文曾任《纽约时报》《福布斯》和美国有线电视新闻网的编辑，现在是脸书公司的调查运营团队成员，这个团队是专门为了思考人们可能如何利用脸书产品作恶而组建的。

米切尔和伯奇努力与一些对脸书不那么认同的人携手合作，这些人是脸书主动聘请来的，其中就包括拉文。拉文表示："我们需要人们从内部思考这些事情，而不仅仅对来自倡导组织、记者和政府官员的意见做出反应。"

我作为追踪报道脸书多年的记者，看见一位前英特尔员工、一位前记者与脸书公司的产品经理并肩工作，还是有点儿超乎我的想象，但很明显，他们给公司带来了不同的想法。拉文说认为能够针对威胁和风险进行对话是一件好事，人们会说，"我们是这样看待威胁的：

我们谈论行动方的能力和动机, 也会讨论它的弱点"。我在以前从来没有在门洛帕克听到过诸如威胁、弱点和动机这样的词。

而在门洛帕克, 脸书已经开始着重招聘本地以外的人员, 试图摆脱北加州普遍存在的同质思想和技术乐观主义。拉文说: "我们实际上并不会一起吃午饭, 因为我们大多数人都不在加州。我们分散在世界各地, 比如新加坡和都柏林, 我自己则住在得克萨斯州奥斯汀。这是一种特意的安排, 旨在让我们能够放眼全球, 而不是把目光局限在加州。"

为了使脸书能够对这些不同观点兼收并蓄, 脸书特意让这些人与深谙其产品和流程的老员工协同工作。米切尔说: "如果你不知道问题在平台上是如何呈现的, 那么你就不一定能将一个外部问题转化为我们能看到的内部问题。我们努力让这两类人都密切参与, 这是因为, 如果我们想要了解系统会被如何使用和滥用, 那么这两类人都非常重要。"

这些小组共同出现在各种各样的场合, 包括公司每周举行的"周五问答会", 在会议中, 公司的产品、政策、运营和传播团队会聚一堂, 共同讨论公司犯下的错误。这样的会议为新加入脸书持不同意见的新员工提供了发言机会, 让他们能够提出一些原本可能会被忽视的问题。米切尔说: "新鲜血液固然重要, 但是新的流程同样重要。如果没有像审查会议这样的流程, 我们虽然会发现一些问题, 但无论发现了什么其实都没有用。"

除了这些正式的流程, 脸书新的团队成员也正在公司的内部讨论群组中畅所欲言。"这非常重要，"伯奇在谈到这些人的发帖时指出，"它使快速沟通变得非常容易，免去了我们收发大量邮件的麻烦，而且它无疑有助于凝聚团队，特别是当团队成员分散在世界各地时。"

米切尔、伯奇和拉文的团队也在帮助脸书确定机器学习系统的发展方向上发挥了重要作用。为了解决仇恨性言论在缅甸蔓延的问题（批评人士指责脸书对种族屠杀起到助纣为虐的作用），伯奇的团队召集脸书的机器学习工程师开发了一个可以识别这种语言的系统。然后，他们输入关键词、图片属性和其他警示信号，以帮助系统确定哪些内容需要发送给版主审查。这些工具极大地提高了脸书雇用来处理这场危机的新版主的工作效率，但在当时，损害已经造成。现在，脸书正努力防患于未然，在喀麦隆[19]和斯里兰卡[20]等其他国家的潜在危机爆发之前就将其阻断，而且它现在拥有更快行动的基础设施。

扎克伯格反馈系统的漏洞导致脸书在好几年内陷入混乱。但正是这个系统，有可能帮助公司迅速复苏。脸书的员工现在正积极倾听"新的输入项"。来自前英特尔高管、记者、媒体买家和其他批评者在脸书找到了一批乐于洗耳恭听的听众，因为这个公司里的人都接受过倾听他人想法的严格训练。拉文说："人们渴望得到这些信息。"

我们的会议结束后，伯奇走到拉文跟前闲聊了几句，问他什么时候回奥斯汀。拉文回答说，他计划在门洛帕克一直待到下周二，即选举日。2018年的中期选举很快过去了，拉文仍留在脸书。尽管脸书在未来不可避免地将面临更多考验，但它成功通过了这一次考验。它的服务没有出现重大漏洞，没有被图谋不轨之人再次钻空子。

脸书的下一轮创新

2019 年 9 月 25 日，扎克伯格登上美国加州圣何塞的麦肯尼会议中心的舞台，并站在写有"下一代计算平台"字样的背板前。他去那里是为了出席 Oculus Connect，脸书支持的虚拟现实操作系统和硬件包开发者大会。

Oculus 代表了脸书的努力，它希望突破单纯作为一家应用程序服务商的局限。脸书希望开发自己的操作系统，并相信那将是"下一代计算平台"，并希望借此来消除自身脆弱地位的根源，即受制于竞争对手操作系统的设计。

扎克伯格告诉我："有些事情只有在你搭建了平台之后才能做。我们开发了用于手机的应用程序，也建立了网站。特别是在手机应用程序模式中，我们常常受到操作系统开发商对应用程序应该做什么的限制。"

扎克伯格认为，移动操作系统迫使人们先选择一项任务，然后再选择合作对象的方式令人抓狂。他说，你要先点击一个即时消息应用程序，然后再点击你想发送信息的人，这与人性完全相反。按照人性，你会先选择对象，然后再选择任务。

他说："我想做一件事，并且我希望它在增强现实（AR）和虚拟现实（VR）领域影响下一代计算平台的开发方向，使其更加注重组织原则，以人，而不是以任务为中心。我认为，这才是计算发展领域真正应该前进的方向。"

　　扎克伯格非常清楚依赖别人是什么感觉，他不想永远这样做。如果虚拟现实或增强现实技术腾飞，脸书将通过 Oculus 拥有自己的流行操作系统，从而在人们与脸书服务互动的方式上获得发言权，而无论是在桌面系统，还是在移动或语音系统上，这都是它目前所不具备的。扎克伯格对此非常渴望，因此他正在投资 Oculus，以便为脸书的下一次重大创新奠定基础。

　　脸书并不缺乏雄心壮志，也不缺乏必要的技术或流程，以确保其未来继续延续当前的非凡成功。我走出扎克伯格的全玻璃会议室时，这一点似乎比以往任何时候都更加明显。如果公司能够倾听新的输入项并负起责任，从而有效地管理自身，健康成长，那么它在未来几十年的实力将不可限量。如果它做不到这一点，那么现在联邦监管机构正在施压，政客们也在呼吁将脸书分拆，而脸书最终将跌落至扎克伯格长期以来一直试图避免的境地，成为科技发展史上的一个注脚。

第三章

谷歌：桑达尔·皮查伊的
协作文化

2017 年 7 月，一位名不见经传的谷歌工程师詹姆斯·达莫尔撰写了一份长达 10 页的备忘录，批评谷歌公司在多元化和包容性方面的做法。这份备忘录撰写于他参加了谷歌的反偏见培训之后，他将备忘录发送给培训的组织者，试图提供一些反馈。

达莫尔写道，男女在科技领域表现出的差异的部分原因可能是生理因素带来的，而不是像培训所强调的那样主要是由于偏见。他表示，女性比男性更容易神经质，这可能是从事"高压力"工作的女性占比较小的一个潜在原因。

他说："在谷歌，我们经常被告知，隐性（无意识）的偏见和显性偏见正在阻碍女性从事科技领域的工作，阻碍女性职位晋升。当然，男性和女性遭遇到的偏见、在科技领域的发展、在职场的晋升都有明显差异，我们应当对此有所认识，但这绝不是故事的全部。"

培训的组织者对此没有做出回应，于是，达莫尔在一个名为"怀疑论者"的邮件通信组中分享了他的备忘录,这是谷歌内部一个小型的电子邮件通信组,其成员都是对谷歌现行政策有保留意见的人。作为谷歌上千个电子邮件群组中的一个,它似乎是这个文档比较合适的发表场所。但在达莫尔发送了他的备忘录后,邮件通信组的成员开始将文件转发给公司内部其他人,于是这份备忘录迅速传播开来。

达莫尔的备忘录很快成了谷歌内部通信网络中的热门话题,并使公司分裂为两派。一些谷歌人讨论了其观点的可取之处。但在更大程度上,人们争论的焦点是,谷歌是否应该解雇达莫尔,以及他的支持者是否也应该离开谷歌。他告诉我,他在发出备忘录后,收到数百名谷歌同事的邮件,其中大部分人对他的观点表示赞同。

争论愈演愈烈,[1]有人把备忘录分享给了 Gizmodo[①] 的凯特·康格。康格尽管当时正在度假,仍然通过时断时续的网络连接,发表了一篇有关这份备忘录的文章。这篇文章有数百万阅读量,使公众对女性在工作场所受到的对待越来越不安。仅仅两个月后,著名的 Me too(我也是)运动[2]如火如荼地展开。转眼间,一个谷歌内网上的小帖子变成了全球头条新闻。

在争议不休的风口上,正在国外出差的谷歌首席执行官桑达尔·皮查伊(Sundar Pichai)面临着一个两难的决定:他可以留下达莫尔,但可能会让谷歌员工感觉他在纵容后者的说法,即女性是神

---

① Gizmodo 是美国一个知名科技博客,主要报道全球最新的一些科技类产品,是尼克·丹顿(Nick Denton)营运的 Gawker Media 网络的一部分。——译者注

经质的，而这种神经质使她们不适合担任领导职务；或者，他也可以解雇达莫尔，但又会传递另一个信号，即谷歌内部如此重视的自由表达终究不是那么自由。

在给员工的一封公开信中，皮查伊明确表示，尽管他欢迎不同意见，但达莫尔从生理角度来分析女性不太适合在谷歌工作的观点已经越界。皮查伊写道："我们的同事每次在会议上开口讲话时，不必必须证明自己不像备忘录中所断言的那样，是'随和的'而不是'自负的'，显示出'较高的抗压能力'而不是'神经质'的。"

他解雇了达莫尔。

集体智慧

各种想法在谷歌内部的传播速度十分迅速，快到它们往往会失去那些推动者的控制。而这正是公司的初衷。尽管这有时意味着原本仅限于内部的争议性话题演变为国际事件，但达莫尔备忘录迅速传播所依赖的沟通工具，也使谷歌成为全球最具协作性的公司之一，使员工通过集体意识相联系，打破了部门之间的典型界限。在这些工具的帮助和皮查伊的领导下，谷歌已经多次重塑了自己的形象，并且成功地度过了一系列有可能使谷歌出局的计算变革。

谷歌占据行业领导者地位是必然的，它成功攻克了搜索领域的难关，从而成长为一家市值8000亿美元的公司。但在当今瞬息万变的商业世界中，谷歌并没有通过榨取单一产品的价值来保持自身业绩增长，而是对其自身，特别是其搜索业务，不断创新，以便跟上消费者不断变化的偏好。可以说，谷歌的成功正是源于它这样做的能力。

谷歌的搜索业务经历了许多演变：它最初是一个网站，但由于微软削减其在 IE 浏览器上的分发量，它推出了自己的浏览器——Chrome。当浏览逐渐从桌面系统转移到移动端时，谷歌再次创新，使搜索成为移动操作系统安卓系统的核心。现在，随着人们越来越多使用语音操作移动设备，谷歌再度创新，将搜索功能融入语音助理。

在每一次再创新中，谷歌都会将其现有产品套件的元素运用到新产品中，这势必需要密切的协作。例如，谷歌助理将谷歌搜索、地图、新闻、图片、安卓、YouTube 等整合到一个产品中。要开发这些产品，谷歌需要实现跨团队的无缝协作。它的一系列内部通信工具，包括定制的工具和公开工具，使协作成为可能。

谷歌的员工完全依托 Google Drive（云端硬盘）开展工作，例如，使用 Docs、Spreadsheets 和 Slides 等工具来撰写计划、做会议记录、存储财务信息、进行演示。云端硬盘中的文件几乎对整个公司都是开放的，因此跨组工作的谷歌员工可以浏览正在进行的项目，了解它们的演进过程、发展方向、赚钱模式以及人员的分工合作。这使得谷歌在同等规模的公司中实现前所未有的透明化。

一位前谷歌员工告诉我："在这么大的一家公司里，拥有如此高的访问权限和透明度，你可以很容易进行大量研究并与合适的人建立联系。你在内部能找到想要的所有东西，你可以搜索公司的所有文档。"

某位谷歌员工如果想寻找理想的共事伙伴，可以通过谷歌的内联网 Moma 来深入了解对方并和其建立联系。"上面有一个完整的公司通信录，你可以清晰地看到每个人在公司中的层级职位，还可以看到他们的头像、电子邮件地址，访问他们的日历，并在他们的日历上预定一个会议时间，"那位前谷歌员工告诉我，"最重要的一点就是，如果我们想做日常工作之外的事情，我们能够很容易地找到合适的人。"

通过使用 Open Drive，谷歌还促成了文档本身的内部协作。谷歌前战略主管马特·麦高文（Matt McGowan）在使用 Slides（谷歌版本的 PowerPoint）撰写他的第一个演示文件时，惊讶地发现，他的同事们跳了进来，并开始同时添加内容。一开始，麦高文吓得从笔记本电脑旁走开，不敢再向文档中写入任何东西。但他后来发现，他的团队是故意这样做的，这是他们向他介绍谷歌文化的一种方式，他很快就拥抱了这种文化。麦高文告诉我："某个晚上，我坐在家中，而我的团队成员遍布世界各地，他们都在埋头钻研、补充信息。正是得益于此，我们才能够极其迅速地推进工作。"

由于谷歌员工全部在内置硬盘中工作，所以公司有一个不成文的规则，禁止将文档附加到电子邮件中，避免人们同时在同一文档的多个版本中工作，以避免出现版本冲突。麦高文说："想想吧，这样做可以让你省去解决这些问题的大量时间。"如果再考虑到 Drive 的强大搜索功能，该功能可以根据文档创建的时间、访问文档的频率、与文档创建者的关系，以及其他一些条件智能检索文档，这些工具可以帮助谷歌员工快速了解同事的工作，方便对其积极主动地提供协助。

此外，谷歌员工还通过"怀疑论者"这样的电子邮件通信组相互联系，讨论的话题内容可以从工作项目到和谷歌业务毫无关系的任何事情。谷歌前人才主管乔斯·康告诉我："你可以加入任何一个这样的邮件通信组，我不记得它们有人主持。这些邮件通信组的大多数主题都很常规：人们讨论想法，遇到技术难题时寻求帮助，组建各种小组。我们有一个骑行者的邮件通信组，他们会分享在办公园区里骑自行车的小秘诀。到我离开时，有一份文件显示，人们已经开始公开分享他们的工资是多少。"

这些邮件通信组有助于信息和想法在谷歌内部迅速传播。"因为有现成的工具，现成的数字化和现成的联系，现在分享观点比几十年前要容易得多，"康说道，"原来，人们会在喝咖啡或午餐时沟通想法。在当今时代，我们已经有能力不必非得在喝咖啡的时候才有机会沟通了，我们有更广泛的渠道。"

谷歌公司还会每月举办一次名为"TGIF"的领导层问答会。它们通常在谷歌的山景城工作区举行，在一家名为查理的大型咖啡厅，会议内容包括来自皮查伊的最新通报、来自另一位高管或团队的演示，以及随后的提问与回答环节。

TGIF 也使用了高科技。来自世界各地的谷歌员工可以通过公司内网远程参与这些问答会，并通过一款名为多莉（Dory）的问答软件工具提出问题。多莉是动画片《海底总动员》中的形象，她是一条失忆的小鱼，总是不断地问问题。在"多莉"工具中，谷歌员工可以在问答环节进行投票，选出他们希望得到回答的问题。他们在投票时看不到其他人的投票情况，以免受到从众心理的影响。管理层通常会回答得票最高的前十个问题。我在 2019 年 2 月参观谷歌的办公区时，曾看到多莉中有些问题的票数高达数千。

最后，谷歌也有自己的内部社交媒体工具，叫作 Memegen，这是一个网站，谷歌员工可以在上面用恶搞图来评论公司内部的大小事务。我在参观谷歌的时候，曾看到过各式各样的恶搞图，有称赞皮查伊在国会听证中表现的，有调侃公司晋升标准的，有厕所段子，也有哀悼失去一位同事，或是为一封误发给全公司的邮件道歉。当玛丽莎·梅耶尔（Marissa Mayer）离开谷歌，[3] 出任正在苦苦挣扎中的雅虎的首席执行官时，Memegen 上置顶的帖子是一张她的照片，并附有一段文字："成功的科技界领袖，最终领导了一家非盈利组织。"

"我会去那上面体察员工的情绪，"康告诉我说，"通过观察他们创造出的东西，你可以了解人心所向。"

谷歌的沟通工具对其成功至关重要。它们减少了在一个新项目上加快进度所需的执行性工作，并为新想法腾出空间。它们还使各种想法在公司里迅速传播，从而引发创新和改进。它们使协作得以实现，并发出期望员工协作的信号，消除繁文缛节，让人们清晰地认识到，大家如同一个蜂巢中的蜜蜂，不同成员应该密切协作，共同创造集体智慧的重要性。

这些工具帮助谷歌在过去 15 年里不断地重塑搜索业务。在发展的每一个关键步骤中，桑达尔·皮查伊都发挥了至关重要的作用。

工具栏项目一战成名

皮查伊于 2004 年加入谷歌，担任产品经理，当时谷歌正面临着一场发展危机。谷歌大约 65% 的搜索流量来自微软的 IE 浏览器，[4]这使得谷歌极大地受制于人。面对激烈的竞争，微软不太可能永远给另一家公司提供价值数十亿美元的搜索流量，因而谷歌的领导层担心微软会自己开发搜索产品取代谷歌。

为了抵御微软的强大力量，谷歌开发了一系列产品，包括谷歌工具栏（Google Toolbar）和谷歌桌面（Google Desktop），这些工具让人们可以绕过 IE 浏览器的默认设置访问谷歌的搜索。例如，谷歌工具栏在 IE 浏览器的地址栏下面设置了一个显眼的谷歌搜索框，因此对安装了这个工具栏的用户而言，谷歌成为其浏览器的重要组成部分。

皮查伊是一位沉默寡言、身材瘦长的工程师，生长于没有手机和冰箱的印度南部。当时，他负责开发工具栏，得到的指示非常明确：让人们把它安装到计算机上。这一经历使他一步步成长为公司的高层。

在皮查伊接管谷歌工具栏项目时，这个产品已经在一些早期用户中获得好评，他们很欣赏这种搜索的便捷性。（在此之前，在 IE 浏览器上搜索的最便捷方式是单击一个"搜索"按钮，打开一个搜索网页。）它还阻止了弹出窗口，从而赢得了更多的支持者。虽然项目已经实施了几年，工具栏仍没有获得足够的下载量，以使谷歌能够抗衡微软。因此，皮查伊开始发展伙伴关系，来推动其发展。

"如果想让别人试用一款新的基于 Windows 的软件，最困难的就是让他们下载它。"谷歌副总裁莱纳斯·厄普森（Linus Upson）告诉我。他在当时与皮查伊共用一间办公室。厄普森说："因此，皮查伊与 Adobe 建立了合作关系，Adobe 的 Flash 和 Acrobat 阅读器在当时是全球下载量最多的 Windows 产品。当你下载 Flash 或者 Reader 的时候，会有一个复选框'你是否想要下载谷歌工具栏？'。此外，他还和当时一些其他热门下载软件也达成了合作关系。他建立了一个分销渠道。"

在与 Adobe 和其他公司召开会议时，皮查伊需要设法让拥有不同利益的人达成共识，这通常要在紧张的谈判中完成，并会涉及大量交易资金。对谷歌非常有利的一点是，由于其广告业务源源不断地带来巨额收入，谷歌手中有大量资金可供使用。尽管手里挥着现金，颐指气使地告诉谷歌的合作伙伴该做什么听上去很有诱惑力，但皮查伊并没有这么做，而是认真倾听和考量合作伙伴的意见，并努力寻求解决方案。

皮查伊在领导工具栏项目期间展示了他鼓励创新的行事风格，他凭此在谷歌内部一路升迁，最终成为首席执行官。贝佐斯通过六页备忘录向决策者传递创意；扎克伯格打造了畅通的反馈渠道，使想法能够通过他的反馈文化传递到他那里，并确保它们在公司上下自由流动；而皮查伊则确保各种想法能够横向交流，打破团队之间的障碍，在设定目标的同时尽量淡化自己的存在，促成协作。

"桑达尔不是那种主导谈话的人。他非常善于为其他人创造空间，让他们自由表达想法。"厄普森表示，"他是一个深思熟虑的人，十分善于倾听别人的意见。"

随着谷歌工具栏业务不断发展，微软开始为谷歌设置障碍。曾直接在皮查伊手下工作过的谷歌前高级产品经理阿西姆·苏德告诉我："我们每周都要救火。数据会开始下降，然后我们会突然发现什么地方出了问题，而我们必须弄清楚到底发生了什么。最终，我们不得不让司法部介入，以确保微软知道我们正在关注此事。"

皮查伊在谷歌任职两年后，微软发布了 IE7，这次 IE 的更新对谷歌而言是一个不祥之举。几个月后，微软将 IE 浏览器上的默认搜索功能从谷歌切换到了自己的 Live search（Bing 的前身），一脚将谷歌从曾经是其命脉的位置上踢了出来。

皮查伊的分销策略使谷歌避免了一场大灾难。在他进入谷歌后的第一次考验中，他将谷歌工具栏的用户数量增加到数以亿计，创造了数十亿美元的收入，并加强了谷歌抵御恶意攻击的能力。但谷歌与微软的战争还只是刚刚开始。

Chrome 的开发之路

皮查伊是 2004 年 4 月 1 日来到谷歌面试的，当天公司发布了 Gmail。由于谷歌具有在愚人节恶作剧的历史，皮查伊不确定这个新的电子邮件服务到底是真的还是一个恶作剧，因为 Gmail 所提供的千兆字节免费存储空间远远超过其他基于 Web 的电子邮件服务。他在第一轮面试中一直努力搞清楚这个问题。

"那时候，所有人都不断问我，你怎么看 Gmail？[5] 我当时还没有机会使用它。我以为那是一个愚人节玩笑，"皮查伊在 2017 年曾经表示，"直至在第四轮面试中，面试官问我'你看到 Gmail 了吗？'，我回答说还没有，于是他向我展示了 Gmail。然后，第五位面试官又来问我怎么看 Gmail，我终于可以说说我的观感了。"

Gmail 并不是一个愚人节玩笑，而是谷歌针对微软核心业务打出的第一记重拳。当时，微软通过销售 Office 系列办公软件大赚特赚，Office 系列办公软件中包括提供电子邮件和日历功能的 Outlook，用于文档处理的 Word 和用于计算的 Excel。要使用这些工具，用户需要向 Microsoft 付费并在计算机上安装它们。

从 Gmail 开始，谷歌在所有微软核心办公程序领域都推出了自己的版本，谷歌版本的程序全部都基于浏览器，谷歌的领导层正确地预测出浏览器将是未来的发展方向。2006 年 3 月，谷歌收购了 Upstartle，[6] 并在其文档处理产品 Writely 的基础上开发了 Google Docs（谷歌文档）。2006 年 4 月，谷歌推出了 Google Calendar（谷歌日历）。[7] 2006 年 6 月，它又推出了 Google Spreadsheets（谷歌电子表格）。[8] 再加上 Gmail，所有这些基于浏览器的办公工具给微软的 Office 带来了巨大挑战，并让微软陷入困境。

谷歌的攻击将微软置于一个难以抉择的困境：它可以继续改进其市场领先的 IE 网络浏览器，但这将使谷歌基于浏览器的工具更快捷，并进一步打击微软 Office；或者它也可以只是对 IE 浏览器稍加改进，寄希望于 IE 在保持领先地位的同时，又能阻止谷歌（和网络）前进得过快。微软选择了后者。

微软前总经理，于 2007 年改投谷歌的周紫（Chee Chew）告诉我："微软希望 IE 足够强大，以确保其领先地位，但同时又希望它不那么强大，以确保 Gmail 这样的网络应用不会拥有比 Outlook 等工具更好的体验。"在当时，微软大幅削减了 IE 部门的人员，使该团队实质上只能完成一些基本维护工作。

由于微软不再全力推动 IE 的发展，IE 浏览器逐渐变得缓慢臃肿。这并没有让谷歌的领导人感到高兴，因为他们认为，微软的做法也打击了谷歌的搜索业务，并阻碍了其办公软件工具的发展。不过，由于微软发动这次攻击借助的是自己功能差劲的浏览器，这使得它很容易受到挑战。

最初，谷歌对 IE 浏览器最大的竞争对手火狐浏览器（Mozilla Firefox）做出大笔投资。但随后，谷歌认为，它心目中理想的浏览器需要完全重新构建，并且应该由自己来构建。

厄普森告诉我："我们从纯粹的技术角度出发得出结论，我们想从一张白纸完全重新开始，扔掉所有的遗产。有时候，最好的做法就是把一切推倒重来。"

于是，谷歌启动了一个开发全新浏览器的项目，项目的目标十分明确：提高互联网浏览速度。如果这款浏览器能够流行起来，它将为谷歌的网络应用程序提供更大的成功机会。它还将重塑谷歌提供搜索服务的方式。人们不必再下载谷歌工具栏，也不必浏览 Google.com，只需在浏览器的地址栏中输入自己的查询即可，从而使谷歌再也不必受制于它的老对手。

谷歌将自家的浏览器命名为 Chrome。Chrome 一词的本意是指在浏览器界面之外的任何部分，比如地址栏、标签栏、按钮和其他元素等。因此，这个名字以调侃的方式凸显了这款浏览器设计的目标，即尽可能减少 Chrome 所占用的空间。谷歌的领导层再次请出皮查伊来负责这个项目。

皮查伊延续了他在工具栏项目上的成功经验，采取一种非传统的方式来推进 Chrome 项目。为了促进协作，他创建了一个以开源项目的精神来运作的分权型组织。皮查伊的团队在开发 Chrome 时采用了类似麦高文在 Google Slides 上撰写演示文稿的方式，即一种松散的中央决策的协作，皮查伊向开发 Chrome 的团队下达指令，要让这个浏览器更快、更简单、更安全，同时又给予他们足够的空间完成产品构建。

"桑达尔不是守门人。你并不一定需要去请示桑达尔，"参与了从 Chrome 版本 1 到版本 44 开发的周紫告诉我，"我们在 Chrome 开发中所做的绝大多数工作，都没有和桑达尔讨论过，也没有跑去让桑达尔批准过。他和莱纳斯（厄普森）创造了一种文化，在这种文化中，员工在组织内部得到了深层次的授权。"

当然，团队成员仍然会征求皮查伊的意见，而皮查伊将为他们提供对项目最有利的建议。但当我追问周紫，谁会做出推动项目前进的最终决定，他告诉我并没有这样一个人，他说："你必须忘掉传统的公司运作方式。停止怀疑，抛开你所知道的一切，这也许比把它置于你所熟知的框架内更能帮到你。"

在领导 Chrome 项目时，皮查伊将谷歌创始人拉里·佩奇和谢尔盖·布林创造的自由文化发挥到极致。他彻底将自己的权力下放到普通员工手中，让他们有机会自己决定如何构建。他没有让自己成为障碍，而是放手让他的团队自由发挥。而皮查伊也获得了丰厚的回报，他的团队为他提供了许多好主意。Chrome 在运行时把每个标签都当作一个单独的程序，所以即使某一个标签出现问题，整个浏览器也不会崩溃，而后者正是 Chrome 的竞争对手经常出现的问题。Chrome还将搜索和 Web 导航结合到一个地址栏中，而不像传统上那样放在两个独立的区域，这一简化提升了用户体验。正如当初的设计要求，这个浏览器的运行速度非常快。

Chrome 的开发采用了开源形式，由于它运行极其顺畅，谷歌决定在发布 Chrome 浏览器时同步提供一个开发者版本，向公众开放其源代码。2008 年，皮查伊在推出 Chrome 时曾表示：[9]"我们的目的是帮助推动整个网络平台向前发展。一个越来越强大的网络对谷歌而言有着直接的战略利益。我们生活在网络上。我们在网络上建立服务。如果网络变得越来越好，将会有更多人使用网络，而谷歌也会从中受益。"

在 Chrome 发布之时，皮查伊必须使它能够赢得两个群体的支持，即公众和他的同事。他的许多同事都曾为开发火狐浏览器付出了巨大的努力。谷歌已经向开发出火狐的非营利机构 Mozilla 提供大笔投资，这笔交易使谷歌成为火狐浏览器的默认搜索引擎。厄普森告诉我："我们从未想过要去和火狐竞争。"

皮查伊从未要求谷歌员工使用 Chrome，并没有通过强行推广自己的产品来赢得同事们的支持，而是让他们自己决定。"我们的信条是凭借产品本身的优势来赢得员工，"厄普森表示，"即使在今天，你也不会看到谷歌所有人都在使用 Chrome，仍然有人使用火狐。"

这种温和的做法为皮查伊赢得了谷歌各个部门的信任，也帮助他赢得了谷歌创始人的信任。苏德曾参加了皮查伊为佩奇和布林做的汇报演示，他对我说："桑达尔十分擅长管理，但不是用耍花招的方式。他十分真诚，颇具同理心，他不会自负满满地做事，也并不固执己见。他很善于调动群众。"

Chrome 亮相之初[10] 前景颇为乐观，但并非势不可当。这款浏览器在早期用户中赢得了良好的口碑，但仍需要与惯性做斗争，正是这种惯性使 IE 仍然十分强大。为了推动 Chrome 在重要领域得到应用，皮查伊再度借助他在工具栏时期建立的分销渠道，说服谷歌的领导层同意为此投入大量广告预算，随后，Chrome 开始迅猛发展。

厄普森说："在传说中，我们开发了这个浏览器，它很棒，于是每个人都开始用它。但现实是，我们拥有了最初的数千万用户，他们都是谷歌的铁杆粉丝，但真正让我们跨越这条曲线，实现数以亿计的用户量的，是皮查伊通过工具栏建立的分销渠道，我们将这些渠道用在 Chrome 上，并通过它们使我们触达数亿用户，然后，飞轮就开始自己转动起来了。"

　　Chrome 于 2008 年首次亮相，到 2009 年已拥有 3800 万活跃用户。到 2010 年，其用户量已经超过 1 亿。如今，超过 10 亿人正在使用 Chrome。与此同时，微软已经停止开发 IE 浏览器。[11]

转变之路

　　几乎就在 Chrome 刚刚让谷歌站稳脚跟之时，谷歌赖以生存的根基又开始发生变化，这一次的变化会让微软 IE 的威胁威力不再。

　　在谷歌推出 Chrome 浏览器的同时，随着互联技术和处理技术的飞速发展，计算机缩小到手掌大小成为可能，并由此催生了智能手机时代的到来。iPhone 和一系列安卓设备（安卓是谷歌拥有的操作系统）取代了数百万人口袋里的翻盖手机。而针对鼠标和键盘设计的网络浏览器移植到移动设备上后效果欠佳，因为移动设备的小屏幕并不适合自由流动的网络冲浪，因此人们开始通过应用程序浏览互联网。

　　人们在应用程序中花费的时间越多，谷歌搜索就变得越不重要。人们不再使用谷歌搜索所在地区的餐馆，而是使用 Yelp（美国最大的点评网站）应用程序；不再搜索航班和酒店，而是使用 Kayak（一款旅游应用程序）；不再搜索新闻和资讯，而是接收脸书和推特的推送。谷歌搜索的基础是筛选开放网络上无限数量的网页，并在几个关键字的指引下找出你想要的结果。在手机上，它存在的理由并不那么明显。

大约在同一时间，另一项重大的技术进步也同时到来。经过多年的苦苦探索，人工智能研究终于开始取得突破性进展，这也要归功于处理与互连技术的进步，正是同样的技术进步带来了智能手机的兴起，同时后者产生了大量数据，而人工智能研究者恰恰需要这些数据来验证自己的模型。

谷歌高级研究员、公司人工智能研究小组谷歌大脑（Google Brain）负责人杰夫·迪恩告诉我："作为一个行业，我们终于获得了足够的计算能力，能够让这些东西真正用于解决实际问题。"

谷歌（以及整个科技行业）在看到令人鼓舞的早期成果后，开始大力投资人工智能。谷歌公司从不怯于在没有明确商业成果的研究上下赌注，在三大人工智能领域的研究方面投入大量资源，即计算机视觉、语音识别和自然语言理解。迪恩告诉我："从语音、视觉和语言这三个不同的重要领域着手，很明显我们将大有可为。我们开始看到越来越多的结果，显示如果我们扩大模型的规模，使用更多的训练数据，我们将会得到越来越好的结果。"

计算机仍然与人类的智慧相去甚远，但是这些进步帮助它们能够像人类一样与世界互动。有了人工智能，计算机从一块发光的二维屏幕转变成可以看到、听到、处理自然语言并给出反馈的东西。2014年11月，杰夫·贝佐斯的创新工厂将这一切整合在一起，推出智能音箱亚马逊 Echo 及其嵌入式数字助理 Alexa。[12]

山景城中的谷歌领导层密切关注着这一点。

分拆

2015 年 8 月 10 日，拉里·佩奇发表了一篇令举世震惊的博客文章。[13]
谷歌这个世界上最知名的品牌之一，在未来将更名为 Alphabet（字
母表）。Alphabet 将包含一系列公司，其中包括 Calico（谷歌的抗
衰老研究项目），Life Sciences（谷歌的健康研究部门，现在更名为
Verily），以及一个重新定义的全新谷歌。

自成立以来，谷歌经常投资一些项目，这些项目并不会推动其达
成"组织全球的信息，让每个人都能随时、随地获取信息"的使命。
这个使命对一家搜索公司来说清晰明了。但是多年以来，由于谷歌联
合创始人以及其离经叛道的员工所拥有的无尽好奇心，使公司涉足了
许多方向，最终使它成为科学项目和资本的一个笨拙结合体。

借助 Alphabet，谷歌创始人可以重新令谷歌聚焦于其最初的使
命，并将科学项目分拆出去，纳入更广泛的公司 Alphabet。在这个
新的组织架构中，佩奇和布林将分别担任首席执行官和总裁，而在当
时已经掌管了公司除 YouTube（优惠）之外所有产品的皮查伊将接
管新谷歌。①

佩奇在博文中写道："这种新的架构将使我们能够将注意力极大
地集中于我们在谷歌内部拥有的非凡机会上。而桑达尔·皮查伊将在

---

① 佩奇和布林在 2019 年辞去了 Alphabet 的职务，将整个公司移交给皮查伊。

其中发挥关键作用。我们以及公司董事会都清楚，现在是桑达尔担任谷歌首席执行官的最佳时机。"

Alphabet 重组让许多谷歌以外的人感到困惑，但在其内部看来，这么做的动机很明显。当时，移动网络的使用率日益下降，使得传统的搜索功能也越来越不那么有用。根据 eMarketer 的数据，到 2017 年，应用程序将占据美国移动互联网总使用时间的 89.2%，[14] 令所有浏览器相加的开放网络使用时间只占区区 10.8%。与此同时，最初被很多人嘲笑的亚马逊 Echo，开始能够更好应对人们提出的问题，从而使他们逐渐将 Alexa 视为朋友。回答问题历来是谷歌的地盘，但现在亚马逊正在侵蚀它。

在这个紧要关头按兵不动绝对不是谷歌的选择。在语音计算和移动应用程序改变了人们与互联网互动方式的大背景下，谷歌需要重塑自己以保证自己不会出局。Alphabet 的重组为谷歌的未来发展战略奠定了基础，确保其可以心无旁骛地发展。

人工智能的回答

皮查伊一接手谷歌，就做出了"人工智能优先"的指示，鼓励他们利用一切机会将人工智能植入其产品之中。迪恩告诉我："他希望促使谷歌的整个工程和产品部门都能认识到，'嘿，这里确实有大事儿发生，我们都应该密切关注'。在当时，还有一些团队没有跟上这一思路，而皮查伊的做法改变了这些团队的想法。"

谷歌的协作文化使皮查伊的指示迅速得到贯彻。如果迪恩的团队为某个团队开发人工智能技术，消息会迅速传播开来，并使其他团队也提出同样的技术需求，同时新的应用也将很快被开发出来。

例如，谷歌翻译团队曾使用人工智能模型来预测某一种语言中的句子在另一种语言中会如何呈现，其他团队很快注意到了这一点。Gmail团队最终使用了相同的模型来创建智能回复，这一功能使用户在通过Gmail收到电子邮件时，可以用人工智能生成简短的句子进行回复。

随着人工智能在谷歌内部的普及，公司的产品变得更加智能，能够更加彼此呼应，也更善于理解与其互动的人类。谷歌相册开始识别姿势，比如拥抱，并使人们可以搜索包含这些姿势的照片。Gmail开始与谷歌日历分享航班确认信息，而谷歌日历会自动将这些信息标记下来。谷歌的语音搜索在回答自然语言的问题时日益成熟，无须再输入关键词。

随着这些发展的步伐不断加快，谷歌人的想象力也日渐活跃。苏黎世的一个小组开始研究让搜索更具对话性的方法，其他小组开始思考如何让谷歌更具个人特色和帮助性，而硬件部门的注意力则转移到了语音识别之上。

谷歌公司取得了一定进展，但仍不太协调。

彻底重塑

2016年2月初，桑达尔·皮查伊微笑着走上山景城查理咖啡厅的舞台。风趣的谢尔盖·布林告诉台下的谷歌员工，谷歌新任首席执行官皮查伊将以形意舞（一种诠释性舞蹈）的方式揭示谷歌 2016 年的战略，为他上任后的首个年度演讲拉开序幕，这个开场白让拥挤的咖啡厅哄堂大笑。

如果像布林所说的那样来一段舞蹈表演，无疑会让观众兴奋不已，不过皮查伊采取了一种更舒适的方式。他斜倚在讲坛旁，以他典型的方式，像一位和蔼的教授那样发表了讲话。

他首先简要介绍了谷歌的发展近况。他说，现在已经有超过 50% 的搜索在手机上完成，其中很多是通过语音进行的。移动端仍然需要搜索，但它与谷歌针对桌面系统的设想大不相同。皮查伊随后打出一张幻灯片，图中的一侧排列着谷歌产品的商标，旁边有一个大括号将它们囊括其中，并指向一个单词——Assistant（助理）。

皮查伊说，公司将用一年时间致力于开发出一个数字助理，将谷歌的主要产品联结在一起。这个助理会把人们对谷歌的体验转化为一次持续、个性化的对话。用户可以通过谷歌地图语音提问，了解自己上班需要多长时间，或是通过 Gmail 了解他们在亚马逊订购的包裹何时到达，通过谷歌日历了解下次会议何时召开。用户可以通过 YouTube 查找有趣的视频，通过谷歌相册查看他们度假时的照片，用谷歌新闻查阅最新的头条新闻，他们也可以要求谷歌助理搜索网络。

这个助理将是谷歌针对互联网性质的变化做出的回应。它将是谷歌针对竞争对手的反击，包括亚马逊的 Alexa（eMarketer 预测，到 2016 年年底，Alexa 将占据智能音箱市场 72% 的份额），也包括苹果不那么成功的 Siri。谷歌助理将有机会超越这些竞争对手，这要归功于谷歌的服务，如谷歌地图和 Gmail，这些服务已经融入人们的日常生活。这个助理会让人们习惯于与谷歌交谈，让人们自然而然地询问他们曾经在搜索栏中键入的内容，它还可以把人们与谷歌和其他公司开发的应用程序联系起来，使谷歌有机会继续组织全球的信息，并使其可被获取，无论其是否在开放网络上。

"助理"项目是一场大再造性变革，需要大量的协作。为了让这个产品充分发挥潜力，谷歌的一系列产品团队，包括谷歌地图、Gmail、谷歌日历、谷歌相册、谷歌搜索、YouTube 等团队，必须将其服务进行精妙的整合，以前所未有的方式进行跨功能协作，这即使对谷歌的团队来说也是全新的方式。谷歌的人工智能技术将支撑这一切，使人们能够与这些产品进行对话，同时使这些产品能够给出回应。

在提出"助理"的概念后，皮查伊明确表示，他希望整个公司上下通力合作。他说："如果你想知道今年工作的重中之重，我会说这就是。"

"助理"项目启动时并不是很顺利。谷歌负责地图业务的高级副总裁詹·菲茨帕特里克（Jen Fitzpatrick）对我说："助理项目在某种意义上与我们许多需要公司上下通力合作的项目一样，在一开始相当混乱，而且有点儿痛苦。对于谁正在做什么，或是在某个特定时刻的优先顺序是什么，并不是每个人都有相同的理解。"

为了结束早期的混乱局面，皮查伊消除了想法在不同部门之间流动的障碍。他把"助理"项目团队召集在一起开会，参加会议的人有时多达 25 人或更多，帮助他们就各自正在进行的开发工作、未来需要完成的开发任务以及应该优先考虑的重点达成共识。

在所有人都统一了思想后，皮查伊把他在 Chrome 项目中采取的方法更广泛地应用到谷歌：在确立了清晰的框架后，他再度退居幕后，让公司上下共同创新。

"我们必须超越桑达尔一个人的想法，真正开始汇聚广泛的集体智慧，需要落实我们应该如何将这个大创意变成更落地、更具体的东西，"菲茨帕特里克说道，"只有这样，才能实现公司上下更广泛的通力合作。"

这种创新风格与前一个公司层面的重大项目"Google+"完全不同，后者采取了更集中的方式，但惨遭失败。谷歌产品管理团队前高管希瓦·拉贾拉曼告诉我："我们在助理项目上没有让项目团队提出要求说'嘿，这是我们想要的，我们希望你们做 A、B、C'，而是让所有团队都进行自下而上的创新，并使它成为常态。这就是在谷歌进行协作的秘诀。当这些团队齐心协力，并因为公司的高度重视而使各自的工作产生放大效应，它们的协作将达成出色的效果。"

在此之后，项目进展很快。谷歌的通信工具加快了"助理"项目的开发速度，帮助参与项目的各个团队发现新的机会，找到合适的合作伙伴，并随时了解最新进展。负责"助理"项目的副总裁尼克·福克斯告诉我："我们不会彼此隐瞒信息。'助理'项目的开发进展不是秘密。它的所有信息都是众所周知的，以便于人们可以理解如何更好地融入其中。"

当团队努力将其服务进行整合时，他们也解决了一些关于助理本身的新问题。他们讨论了它是否应该有一张脸，是应该被称为谷歌助理，还是其他什么名字（甚至有人建议称它为"幸运"），以及它是否应该有趣。他们还讨论了它应该如何回应敏感的话题，识别在成人提问时可能有儿童也在听，因而它需要有比在屏幕上显示答案更高的判断力。

在开发过程还有一个难题——智能音箱。要让人们能够与谷歌持续性地交谈，他们需要能够随时随地与谷歌对话，包括在远离手机时。因此，团队增加了一个内置助理的智能音箱。它将被称为"Google Home（谷歌家庭）"。

谷歌家庭是"助理"项目的潜在地雷。硬件生产通常需要一定程度的自上而下的规划。如果你必须在某个特定的日期订购特定数量的零件，以便在节假日来临之前生产出一定数量的产品，那么你就没有太多时间去大量探讨这些东西应该怎么做。[15]因此，硬件生产通常严格遵循流程。

不过，谷歌家庭不像其他硬件产品，它只不过是助理的一个传送装置。它的扬声器品质固然很重要，但真正吸引人的是它发出的声音，那个声音可以搜索全球各地的信息，并在你需要的时候准确地告诉你想知道的内容。因此，谷歌家庭团队不能让僵化的计划思维影响到"助理"项目其他部分的运作，它必须主动上前并参与协作，即使这不是硬件生产领域的标准做法。

谷歌负责硬件的高级副总裁里克·奥斯特罗对我说："毫无疑问，

在硬件领域，产品交付存在一定的线性关系，但这里只是设定时间线。对谷歌来说，正确的模式显然并不是自上而下驱动的产品开发周期。"

曾长期在摩托罗拉工作的奥斯特罗表示，谷歌的方式和他工作过的任何其他地方都大不相同，如果一位硬件制造界的资深人士来到谷歌，他会彻底感到不知所措。"他们可能会度过一段非常难熬的时间，"他表示，"几乎所有其他硬件制造商，比如摩托罗拉，都等级森严，并且是自上而下驱动的。你的商业模式完全取决于可预测性。一旦方向确定，人们迅速做出反应，这一点非常重要。"

奥斯特罗在谷歌的日子则完全不同。他告诉我，其他部门的人经常给他发邮件提出自己的想法，而完全不理睬管理线。他说："有人愿意花时间仔细考虑一款产品，从而也许能让它变得更好，我对此非常感谢。在谷歌，我们有一大堆一流的想法，人们试图从各种各样有趣的技术和概念中创造出最棒的产品。"

整个冬季，团队都在全力推进"助理"项目。次年春天，谷歌在山景城的海岸线圆形剧场，一个本地举办音乐会的场所，举办了年度谷歌 IO（"输入 / 输出"）会议。2016 年 5 月 18 日一大早，数千名开发商、记者和公众涌入圆形剧场，在座位区和草坪上落座。我也是他们中的一员。这是一个怡人的晴朗日子，空气中弥漫着咖啡、刚修剪过的草坪和防晒霜的味道。

一段开场视频后，皮查伊走上舞台，直奔主题，宣布了当天的大消息。他正式介绍了谷歌助理，表示："我们对搜索加以改进，以便为用户提供更多辅助。"随后，他做了两个展示，一个是有人利用谷歌助理预订电影票，另一个是订餐。值得注意的是，这两件事本来都会使用移动应用程序来完成，并将谷歌完全排除在外。

随后，皮查伊隆重推出了当天最令人印象深刻的产品——谷歌家庭。这是一个不带屏幕、可以手持的小音箱，看上去很不起眼。但当谷歌播放一个推广视频时，我不禁在椅子上坐直了身体。视频显示了谷歌家庭播放音乐、更新航班状态、更改订餐服务、发送短信、将西班牙语翻译成英语、分享包裹递送状态、回答有关空间的问题、阅读日历上的活动、查找机场路线，对它说"再见"后，它自动把灯关掉。

这段视频颇为吸引人眼球，谷歌家庭作为一款已经研发成功的产品，有一个清晰的发展轨迹：尽管这些操作仍然主要在屏幕上进行，但它们正在逐渐向语音方向转变。随着人工智能技术的不断进步，无论我们是在工作、驾驶中，还是在日常生活中，周遭的声音将陪伴我们，而这是谷歌进入这个世界的第一步。与助理交谈就像与人类同伴交谈一样自然。这是搜索的最新迭代，未来这条路，迭代可能还会更多。

"助理"项目是谷歌独有的。这是一个由大量产品团队通力合作的项目，由人工智能支持，并在公司的通信工具的帮助下完成开发，其成果转化为一个创新的产品，而这个产品将在未来相当长时间里确保谷歌继续在市场上占据领先地位。

抗议

2017 年的晚秋，一群谷歌员工开始讨论公司内部正在进行的一个罕见的秘密项目（Maven 项目）。他们了解到，谷歌正在将其人工智能技术授权给美国国防部，而后者则正利用它破译无人机拍下的镜头。

想到五角大楼有朝一日可能会用谷歌的技术实施无人机突袭，一些员工感到不安，他们向谷歌领导层提出了这种担忧。随着相关讨论越来越激烈，谷歌的一位网站可靠性工程师方礼真（Liz Fong Jones）[16] 了解到了这个项目，并通过 "Google+" 在内部公开了这个项目的信息。谷歌员工并不习惯被蒙在鼓里，随即挖掘出项目文档以及一些代码，披露了项目的范围。这个被五角大楼称为 Maven 的项目合同金额为数百万美元，如果军方喜欢它的成果，未来还有可能带来更大的合同。

得知消息后，这个秘密项目在谷歌内部引发了广泛的恶评。谷歌员工以自由派居多，本来就已经对公司最近赞助保守派政治行动会议（CPAC）的行为感到不满，现在又得知他们正在研发的技术最终可能被用来杀人，而且这一切还是瞒着他们进行的，这使得不满情绪更加强烈。

对这个项目持反对意见，现已离开谷歌的泰勒·布雷舍尔告诉我："那时候让人感觉到'哦，老兄，谷歌正在做一件让大家都不开心的事'。公司对项目严格保密的举动让人们非常恼火。"

到了冬天，谷歌员工的不满情绪越积越多，最终他们直接给皮查伊写了一封抗议信。[17] "亲爱的桑达尔，"信中写道，"我们认为谷歌不应该发战争财。因此，我们要求取消 Maven 项目。"

这封信通过谷歌的内部通信工具迅速传播开来，一天之内就有上千人签名。杰夫·迪恩曾在一封反对使用人工智能进行自主战争[18]的国际公开信上签名，他对此似乎并不感到惊讶。"许多机器学习研究者对自己的研究成果将用于哪些领域都有着强烈的主见。他们中的许多人不希望看到自主武器的发展，"迪恩表示，"他们认为这对世界来说是一个相当危险的方向。"

时任谷歌云负责人的黛安·格林在随后的一次会议上回应了这封信，她看上去并没有事先准备。当问答环节到来时，谷歌员工猛烈开火。一位参加了那次会议的谷歌员工向《雅各宾》(*Jacobin*)杂志讲述了会议过程，转述了一位谷歌员工的话："嘿，我之所以离开国防部，[19]就是因为那样我就不必再干这种事儿了。除了这个问答环节，我们还能有什么机会来好好解释一下为什么这个项目不可行？"

抵制行为从那之后不断升级。反秘密项目的恶搞图充斥 Memegen（谷歌内部通信工具），数千名员工在抗议信上签名，大约十几名谷歌员工辞职。[20]随后，有人将这封信泄露给了《纽约时报》，再后来，谷歌云首席人工智能科学家李飞飞（Fei-Fei Li）发出的一封电子邮件又被泄露，[21]邮件中的引言登上了《纽约时报》的头版。在这封讨论秘密项目定位的电子邮件中，李写道："应该**不惜一切代价**避免提及或暗示人工智能，人工智能武器化就算不是这个领域最敏感的话题，也是最敏感的话题之一。这对媒体而言是极好的材料，他们会想方设法借此来伤害谷歌。"

谷歌的协作文化及其内部通信工具对抗议起到了推波助澜的作用，面对日益加剧的反对声浪，皮查伊再次侧耳倾听。谷歌在当时正致力于建立一个框架，以管理其人工智能的开发。当谷歌员工表达了他们对秘密项目的担忧时，皮查伊将这些也纳入了框架搭建过程。他希望员工们的意见不仅仅是针对谷歌应该如何对待人工智能在战争中的应用，还应包括其他棘手的道德困境。

谷歌负责全球事务的高级副总裁兼首席法律官肯特·沃克对我说："正是他建议我们尽可能倾听不同的声音。他希望确保我们在考虑这件事的过程中，能全面倾听谷歌上下所有人的广泛意见。"

随后，谷歌在其全球多个办公室举行了一系列员工大会。这些会议讨论了一系列问题，包括医疗人工智能技术应该有多透明，什么时候人类应该对人工智能进行干预，什么时候人工智能可以自主运行，以及是否应该开发有可能伤害人类的技术。

沃克："大体来说，人工智能领域相当复杂，是一项发展迅速的新技术。我们要谨慎行事，在做任何事情之前，都要仔细思考我们应该如何参与其中，以及应该考虑什么样的因素。在人们专注于某个特定问题时，会促使你做出确保正确的决定，并确保你倾听每个人的意见。但从根本上说，我们希望制定长期目标，确保为公司所有人未来几年的工作奠定正确的基础。"

每一场员工大会都有数百名员工出席，他们对有关问题进行了一系列热烈的讨论。"我对此真的很欣赏，"布雷舍尔表示（虽然由于对公司的发展方向持保留态度，他最终选择辞职），"我在离职的前一周参加了一场员工大会。我当时的想法是，好吧，我已经递交了辞呈，这不会改变我的想法。但会议令我印象深刻，大家就一些极其微妙的问题进行了非常好的探讨。"

沃克和他的团队通过员工大会收集了许多意见，他们将一套粗线条的标准汇总在一起，先将其提交给谷歌人工智能部门的领导层和那些表示担忧的员工进行审核，随后他们向皮查伊做了报告。皮查伊给出了自己的反馈，团队又对其进行改进，直到皮查伊有足够信心公之于众。

2018年6月7日，皮查伊发布了公司的人工智能原则（AI Principles），[22] 这是公司在应用人工智能技术方面发展方向的框架。人工智能原则包含有价值并且无争议的目标，如"对社会有益"、"避免制造或强化不公平的偏见"和"对人类负责"。同时谷歌还列出了它不会追求的人工智能应用领域，其中包括"造成或可能造成全面伤害的技术"，以及"其主要目的或实际结果是造成或直接促进伤害人类的武器或其他技术"。

在谷歌最激烈的批评人士看来，这些原则的语言过于软弱无力，并且也不清楚该公司在需要时将会如何对其加以解释（例如，"全面伤害"是指什么）。但是，针对秘密项目的抗议活动，利用谷歌自己协作工具的力量向管理层表达不满的行动，最终得到了响应。谷歌表示，将不会与美国国防部续签合同。[23]

Maven事件并不是谷歌内部第一次出现反对意见，谷歌的员工会经常性表达他们的反对意见，但这次事件确实表明，谷歌的通信工具可以比过去更有力地用于抗议活动。果不其然，更大的麻烦接踵而来。

大罢工

在秘密项目抗议活动发生几个月后，谷歌全球办公室约有两万名员工同时离开办公桌上街游行。在这场现在被称为大罢工的抗议行动[24]发生前一周，《纽约时报》在 2018 年 10 月发表了一篇报道，称安卓系统创始人安迪·鲁宾因性骚扰行为指控而离职后，谷歌公司向他支付了 9000 万美元的赔偿金。文章进一步报道说，谷歌还保护了其他被控有类似行为的人。

如果说 Maven 事件还可以被认为是一个特例，即谷歌持不同意见的员工介入更大政治运动并为公众所知只是一个偶然事件，那么这次大罢工表明，谷歌正在进入一个新的发展阶段。帮助谷歌员工创造出突破性产品的通信工具现在显示出了另一面。无论在哪里，只要这些工具存在足够长的时间，都会引发没有统一组织的反抗运动，并随后引发两派观点与意见的相互对立。现在，谷歌自身也开始经历这些力量的冲击。

大罢工的开始与以解放广场（Tahrir Square）革命①、占领华尔

---

① 2011 年 1 月开始，由于不满物价上涨、失业率高和腐败等问题，埃及多个城市发生民众大规模集会，要求总统穆巴拉克下台。埃及首都开罗的示威游行活动主要在解放广场进行。随着抗议活动愈演愈烈，2011 年 11 月 19 日，解放广场的示威者与军警之间爆发冲突，并导致数十名抗议者死亡。——译者注

街运动 ① 和女性大游行运动 ② 为代表的"网络化"抗议活动非常相似，都是由原本默默无闻的普通人发起的一系列社交媒体活动。虽然这次运动针对的是一家公司，而不是一个独裁者或一个腐败的政治体系，但其最初始的故事有许多相同的特征。

《纽约时报》的文章刊出后，许多谷歌员工都被激怒了。根据《纽约时报》的报道，一名控告者表示，鲁宾在与一名同事的婚外恋情中，曾强迫她进行口交。鲁宾否认了这一指控，像英雄一样离开了公司，带走了一笔丰厚的离职赔偿金和拉里·佩奇的公开祝福。佩奇写道："我希望安迪在接下来的日子里一切顺利。他创造了安卓这个真正了不起的系统，后者已经拥有超过 10 亿的用户。"

读到这篇报道后，YouTube 产品营销经理克莱尔·斯特普尔顿十分震惊。对她来说，令人惊讶的不仅仅是真的会发生这样的事，而是这样的事发生在谷歌。她告诉我："（这样的事）与激励人们追求更好的文化比肩而立，这令我感到十分震惊。"

---

① 2011 年 9 月 17 日，受到埃及解放广场运动启发，上千名示威者通过互联网组织起来，聚集在美国纽约曼哈顿，试图占领华尔街。示威组织者称，他们的意图是要反对美国政治的权钱交易、两党政争以及社会不公正。2011 年 10 月 8 日，"占领华尔街"抗议活动呈现升级趋势，千余名示威者在首都华盛顿游行，逐渐成为席卷全美的群众性社会运动。纽约警方 11 月 15 日凌晨发起行动，对占领华尔街抗议者在祖科蒂公园搭建的营地实施强制清场。——译者注
② 指 2017 年 1 月在世界各地进行的一系列女权游行示威活动，旨在捍卫女权，同时为移民改革、科学精神、环境保护、种族公义、世俗化运动、堕胎权益等发声。此次游行为美国自 1964 年的反越南战争游行以来境内发生的最大规模的示威活动。——译者注

之后的一天，斯特普尔顿一直关注着内部一个名为"谷歌妈妈邮件通信组"成员的反应。在这个通信组中，她的同事们匿名分享自己受骚扰的经历、在人力资源报告过程中令人感到精神崩溃例子，以及受到歧视的故事。整整一天阅读这些信息后，她决定采取行动。

斯特普尔顿向"谷歌妈妈邮件通信组"发送了一封电子邮件[25]（她后来向《纽约杂志》复述了邮件内容），提出了应采取大规模行动的想法。"我想知道我们应如何利用我们的集体影响力……如果团结起来，我们能做些什么？"她写道，"抗议？罢工？或是给桑达尔写公开信？谷歌的女性（及其朋友）现在真的是怒火中烧，我想知道我们应该如何利用这一点来迫使一些真正的改变发生。"

第二天，斯特普尔顿创建了一个新的"女性散步"（Women's Walk）邮件通信组，以便协调集体行动，并随时与妈妈邮件通信组分享信息。她说："我立刻知道我们在做一件有意义的事，因为人们蜂拥而至加入这个通信组，并且开始在此表达强烈的愤怒。"

当通信组的成员开始准备向领导层提出的诉求时，其中一个成员创建了一个谷歌文档来追踪这些诉求。人们以真正的谷歌方式进行这项工作，文档中同时有数十个人添加自己的诉求并对其他人的意见做出评论。除了文档和邮件通信组，这个新兴的运动还使用了一个内部谷歌网站来为同事们提供最新信息，并使用谷歌电子分享表格来汇总联系人信息。这次罢工的组织者（现在已经有很多人）所做的一切，都是在谷歌的工具上公开进行的，并且使用了他们的真实姓名。

斯特普尔顿说："我们真心认为这是一个谷歌时刻。我们必须要承认，谷歌文化为我们创造了这样做的一个空间。因为我们已经如此习惯于在谷歌的邮件通信组和谷歌内部网站上展开辩论，人们不断地表达他们的不同意见。这是文化中好的一面。"

　　由于 2018 年中期选举在即，罢工的组织者决定不再等待。在斯特普尔顿创建她的邮件通信组不到一周后，他们号召那个星期四举行罢工。"这是一次完美的协作，"她告诉我，"它让我想起 A 型性格的人和学霸的行事风格，特别是当这些人身在谷歌，并为了一个共同的目标而走到一起时。"

　　像在 Maven 事件中一样，皮查伊这次也侧耳倾听了员工的呼声。在罢工举行前，他给员工发了一封公开信，为公司在前一次会议上不痛不痒的回应表示了歉意（当时谷歌领导团队只是敷衍地说了声"对不起"，随后便转到了谷歌相册的演示环节），并表示他十分重视公司对不当行为采取更强硬的态度。然后，他告诉员工，在罢工期间，他们会得到所需的支持，他会把他们的意见放在心上。"你们中的一些人提出了非常有建设性的意见，[26] 希望我们能进一步改进我们的政策和流程，"皮查伊写道，"我听取了你们的所有反馈，以便我们能将这些意见付诸行动。"

　　到了罢工当天，斯特普尔顿的邮件通信组已经有大约 2000 名成员，她和其他组织者都不知道会有多少人参加。他们呼吁，谷歌全球各地办公室的员工在当地时间上午 11 点准时离开座位罢工，从而形成"滚滚雷声"的接力行动。[27] 罢工行动首先发生在亚洲，日本、新加坡和其他地方的许多谷歌员工参加了罢工，接下来是欧洲、纽约和山景城。到当天结束时，共有约 2 万名员工参与了罢工行动，是斯特普尔顿通信组人数的 10 倍。在各个地点，谷歌员工使用扩音器分享了他们的不公平遭遇——这一切发生得太快，无法申请官方许可。

"尽管还没有取得任何实质性的成果，但人们充满了兴奋，陶醉于集体的力量。"斯特普尔顿说，"这是一场声势浩大的行动，是一股巨大力量的强大展示。"

这次罢工行动并没有让任何一方都完全满意。谷歌的领导层被自己的员工所羞辱。现在，它必须考虑如何面对一支不稳定的员工队伍，这些员工被更广泛的反特朗普政治运动所激励，展开了一系列相关的抗议行动，包括保守派政治行动会议（CPAC）、Maven 项目、大罢工以及达莫尔事件等，并通过这些行动对其雇主发起挑战。

而对那些参加了罢工行动的员工来说，他们的要求只有一个得到了满足，即结束对现任雇员的强制仲裁。[28] 与"占领华尔街"和"女性大游行"行动一样，他们抗议活动比较分散，提出的诉求也五花八门，例如，其中一项诉求是要求董事会中有员工代表。但是，除了威胁进一步举行抗议活动，他们几乎没有权力让这些诉求成为现实。

我问斯特普尔顿，他们的罢工行动如何能够避免像"占领华尔街"运动那样的命运，那场运动在取得了小幅让步后最终失败，而她告诉我这并不是重点。"我们并不是真的要像这次罢工展现出的那样，一直步调一致地行动。不会真的出现那种情况，"她告诉我，"我们在某个邮件通信组上有 2000 个成员，但据估计有 2 万人参加了罢工行动。我们甚至不知道这些人到底是谁，以及如何联系他们。实际上，没有人会真的认为这将是一场持续的运动。但我怀疑，如果某天发生新的事件，它又会被重新激活。"

就像大多数抗议运动一样，尤其是由社交媒体推动的分散性抗议运动，谷歌的抗议运动随后变得颇为混乱。当我们在山景城谈话时，我曾问肯特·沃克，谷歌是否认为这些运动富有成效。"总的来说，开放、反馈和员工参与的文化与我们创造的创新文化紧密相连，"他告诉我说，"我们对这一点十分重视；我们需要找到一种方法，使之能够大规模地发挥作用。"

沃克暗示的是，谷歌正在重新构想其内部通信网络应该如何运作，而谷歌公司很快就发布了一项政策，不鼓励发表政治性言论。据两名女性当事人透露，谷歌也对斯特普尔顿和另一位罢工组织者梅雷迪思·惠特克进行了报复，[29] 两人最终都离开了谷歌。事件发生后，到 2018 年年底，谷歌员工对皮查伊及其领导团队的信心指数出现了两位数的下降。[30]

谷歌的员工运动以及谷歌对这些运动的回应令现任和前任员工开始怀疑，公司的文化在其达到十万名员工的规模后能否持续下去。在大罢工运动之后，谷歌的领导层也在这个问题上苦苦挣扎。皮查伊和他的副手们已经降低了公司的开放性，缩减了 TGIF 的规模，并解雇了一些积极分子，这些举动旨在保护谷歌文化中好的一面，同时减少争议和抗议行动。但若想两者兼得无疑很难。

最终，皮查伊将不得不做出决定，他是想保持透明，处理由此引发的员工抗议活动，还是废止这一企业文化，并承担由此引发的后果。对谷歌来说，更加开放和辩论只会帮助它在未来做出更加深思熟虑的决定。同时这还将使它保留集体智慧的思维模式，而这种思维模式，无论在有时候多么难于管理，正是谷歌能够通力协作，解决像"助理"这样复杂项目的原因。如果没有它的通信工具及其相关的开放性，谷歌的名字可能不再是一个动词，而是成为像 Lycos、AltaVista、Ask Jeeves 等公司一样，曾经在搜索领域名噪一时，最终黯然出局。

第四章

苹果：蒂姆·库克和苹果难题

现在的苹果公司可能会对马克·布朗利这一类人产生兴趣。布朗利是 YouTube 上的明星，他的频道拥有超过 1000 万名订阅者，他们定期观看他对最新科技产品的精准评论。作为当代潮流的引领者，布朗利是千万个新兴网红中的一员。正是这些人，塑造了今天科技公司在公众心目中的形象。苹果已经成功运转了 44 年的强大营销机器深知这一点。布朗利常应邀出席苹果各种发布活动，苹果还安排他采访公司高管，包括备受尊重的工程高级副总裁克雷格·费德里希。作为回报，布朗利在点评苹果产品时往往给予正面评价，这已经成为苹果长期称霸科技界以来逐渐习惯的一种交换。

但是，布朗利对苹果 HomePod（苹果推出的内置 Siri 智能音箱）的评论却出乎意料。这款产品是苹果公司期待已久的力作，旨在抗衡谷歌的 Google Home（智能家居设备）和亚马逊的 Echo（智能音箱名称）。2018 年 2 月，布朗利试用了这款新型智能音箱，并对其进行了长达 9 分 40 秒的激烈批评。

布朗利的评论在一开始看上去相当无害。他试用了苹果智能音箱的各种硬件功能，称赞了其令人愉悦的质感、其按钮的设计（调节音量大小）、其电源线柔软的手感和世界级的音效。布朗利说："我最近已经使用不同的智能音箱试听了各种不同类型的音乐，实话实说，这是音效最好的一款产品。"

但随后，他话锋一转，说像苹果智能音箱这样的产品，最重要的是它能做什么，但显然，它也有很多不能做的事情。他先是忠实地罗列出苹果智能音箱能实现的一些基本功能，例如能够通过苹果音乐（Apple Music）播放音乐，能够大声朗读你最新的短信，能够告诉你天气情况；然后，他开始列举它的不足之处，比如，它无法区分两个人的声音，无法与另一个苹果智能音箱同步，无法使 Spotify（声田，一个正版流媒体音乐服务平台）成为默认的音乐播放器。从那时开始，他彻底放飞自我，批评意见滔滔不绝倾泻而出。

布朗利说："你不能通过它在网上订购产品，不能通过它在网上订餐，也不能用它打电话给 Uber（优步）或 Lyft（来福车）。你不能让它读取日程或设置任何日程。你一次只能设置一个定时器，不能同时设置多个，虽然这似乎是你在厨房里需要用智能音箱来做的事情。你不能通过语音让它打电话，而是必须在你的手机上设置，然后再用苹果智能音箱播放出来。你没办法通过它搜寻菜谱，甚至不能通过它使用'寻找我的手机'功能。不能做的清单越列越长。如果把苹果智能音箱与其他智能音箱相比较，你会发现有太多的事情它根本做不到。总而言之，苹果智能音箱是一个奇怪的产品。"

既困惑又深感失望的布朗利随后发表了自己的结论。[1]"老实说，在大多数情况下，你最好买一个更智能的音箱，它能做更多事情，而且音效几乎一样好，"他说道，"现在就购买一个苹果智能音箱并且经常使用它，只会放大 Siri 的所有问题。"

看到这里，你可能已经知道布朗利为什么会对苹果智能音箱感到如此失望了。这台令人失望的设备是苹果文化的直接产物，苹果公司固守旧有的工作方式，各种构想来自上层。

在蒂姆·库克执掌的苹果，你找不到工程师思维模式（尽管库克本人是一名工程师），民主创新很少受到鼓励，人员和想法受到等级制度的制约，协作受到保密性的阻碍，而且，苹果的内部技术落后于竞争对手好几年。这会导致什么样的结果当然显而易见：苹果擅长打磨从高层（有发言权的人）传达下来的构想，但却难以开发出依赖公司内部构想（内部的帮手）的创新产品。

因此，到今天，我们能问的关于苹果公司最重要的问题就是：在瞬息万变的商业世界中，苹果公司能否在不进行大规模文化变革的情况下跟上时代的步伐？随着 iPhone 销量的放缓和新计算时代的出现，苹果需要打破僵化，否则就会冒着和苹果智能音箱同命运的风险，外表看起来光鲜亮丽，其内在却不太对劲儿。

精益求精的完善文化

几年前，罗宾·黛安·戈德斯坦在旧金山的一家酒店参加会议时，到得有点儿早，于是她去给自己倒了一杯咖啡。戈德斯坦，一位已经为公司效力22年的苹果老将，刚从房间一侧的桌子上拿起一个杯子，立刻就感到一阵不快涌上心头。她告诉我："当我的手指握着咖啡杯的把手时，我清楚地感觉到杯柄内侧的模具线。我脑子里蹦出来的第一个念头是，为什么这个杯子的设计师和制造商不能再多花30秒打磨一下手柄内部，让它变得光滑？"

她的下一个念头是什么？"去你的吧，史蒂夫。"

"这就好像是觉得我已经被你给毁了，"她面带微笑地说，"大多数人碰到这种事并不会想太多，他们根本不会在意；也许他们会意识到手柄的内部不平滑，或是那里有一道凸痕，但这不会是一个问题。然而，在苹果公司工作如此长时间后，我会觉得那是个大问题。虽然那个部分你可能看不到，可能只会短暂地触摸它，但它是整个体验的一部分。"

戈德斯坦的故事让我们得以一窥苹果公司的运营方式（见图1）。在乔布斯还在世时，他会提出构想，然后公司的其他成员将这些构想进行完善，确保产品上的任何地方都没有像模具线那样的瑕疵。苹果的文化将执行置于优先地位；它在过去以及现在仍然擅长完善从最高层传达下来的构想。

"他既是一位富有远见卓识的人，又是一个独裁者，"一位苹果前雇员这样告诉我，指出乔布斯具有两面性，"独裁者一言九鼎。同时他也有很多想法。他充满活力，并且精力过人。他统领公司上下不懈追求他对公司和产品的愿景。他认为自己比其他任何人都知道产品应该是什么样的，以及人们应该如何使用它们。他的个人魅力使人们乐于追随他。"

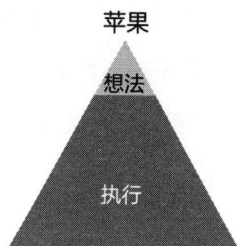

苹果

想法

执行

今天，苹果公司仍在不断完善乔布斯去世前发明的两大产品：iPhone 手机和 Mac 笔记本电脑。苹果对这些产品做出了显著的改进，使它们更薄、更快，这让它们在诸如苹果手表（Apple Watch）（供 iPhone 用户使用的手表）和 AirPods（供 iPhone 用户使用的耳机）等可穿戴设备上更加有用。它还通过面容 ID（Face ID）和苹果支付（Apple Pay）等功能，使 iPhone 用户拥有更好的日常生活体验。很少有公司能从其现行产品中获得比苹果公司更多的收益。

然而，在这些设备之外进行创新则是另一回事。苹果雄心勃勃推出的新产品，如智能音箱和自己的无人驾驶汽车都不成功。对此，苹果精益求精的完善文化这一乔布斯时代的遗产难辞其咎。

完善者思维模式

今天，6 位苹果高管代替乔布斯，共同领导公司前进，他们传达构想，供公司其他人执行。这 6 个人包括：蒂姆·库克，拥有运营背景、为人谦逊的首席执行官；埃迪·库伊（Eddy Cue），风趣的互联网软件和服务部高级副总裁；菲尔·席勒（Phil Schiller），外表低调、实则强势的产品营销负责人；杰夫·威廉姆斯（Jeff Williams），首席运营官并主管设计；克雷格·费德里吉（Craig Federighi），能力出众、性格温和的软件工程高级副总裁；约翰·詹南德拉（John Giannandrea），谷歌前老臣，苏格兰人，负责苹果的机器学习和人工智能战略。博柏利（Burberry）前首席执行官、曾负责苹果零售业务的安吉拉·阿伦茨（Angela Ahrendts）[2]，如果不是在 2019 年卸任，应该也会位居此列。此外还有才华横溢但有时略显游离的苹果前设计主管乔尼·艾维（Jony Ive）[3]，他也在 2019 年离开苹果。

在苹果，设计师是一线员工，他们负责执行这些高管的指令。如果说工程师是亚马逊、脸书和谷歌内部的皇族，那么设计师就是苹果内部的神祇。在大多数公司里，设计师的工作是把某些产品设计得看起来更好。在苹果，设计师会决定产品的外观和感受，然后由工程师和产品经理来帮助将其变为现实，无论从技术上讲实现起来有多困难。

将设计融入苹果产品开发过程，有助于苹果公司定期完善其拳头产品。苹果设计师通常不会单纯交付某个项目。他们会在产品开发过程中从始至终密切参与，从而最大限度地减少推诿现象，在那些满足于制造出的产品"差不多就行"的公司，推诿现象则比比皆是。

"乔尼带来的财富是，他组建了一支非常优秀的人才队伍，他们不仅懂得优秀的设计，"已经为苹果效力十余年的设计师道格·萨茨格（Doug Satzger）对我说，"还了解优秀的设计、优秀的工程、优秀的制造和业务运营。所有这些中的每一项都会转化为用户在最终产品中的体验。"

萨茨格及其同事如此深度地融入产品创建过程，以至于他们会定期前往苹果在中国的生产线检查，以确保生产出的产品符合预期。萨茨格告诉我，他有一些住在湾区的同事几乎每年都要在中国待上240天左右，还有一些人则干脆把家搬到了那里。

这一传统至今仍在延续。2019年，一份遭到泄露的联合航空公司文件显示，[4]苹果每年单在旧金山往返上海之间的航班上就花费了3500万美元。排在它之后的大客户，包括脸书、罗氏①和谷歌，则每年分别在联合航空公司所有航班上花费了"超过3400万美元"，甚至都没有超过苹果公司飞中国的一条航线。

由于设计师在苹果内部占据着如此受人尊敬的地位，他们的同事在与他们沟通前需要精心准备，有些时候甚至要细致到从什么角度向他们展示产品。一位苹果前员工对我说："我们会计划每一个细节，

---

① 罗氏（Roche）是一家总部位于瑞士巴塞尔的跨国医药研发生产商。——译者注

真的是每一个细节，从会议应包括哪些方面，到我们要展示什么信息，又要隐瞒什么信息，再到我们应如何措辞，我们的备份计划，以及其他预先准备好随时可以拿出来救急的东西。我们在这些细节上花了大量时间，浪费了很多精力，但看起来对创新并没什么帮助。就好像他们是上帝一样。确实有很多人把他们当上帝一样对待。"

苹果的高管们将权力极度集中，导致他们远离了公司的普通员工。他们员工的使命就是为了执行，而不是提出想法，因此管理层很少主动与员工沟通。在亚马逊、脸书和谷歌，员工们会日常分享与首席执行官互动的故事，但在苹果，很少有员工与蒂姆·库克有什么联系。

苹果公司前员工让·鲁日告诉我："我曾经有一次碰巧撞上了库克，那并不算是一次热情的互动。我在一个走廊上迎面见到他，于是说了声早上好。他看了我一眼，犹豫是否应该理睬我，然后径直走过去，说了一句'再见'。他并没有回问我'早上好'，或是'祝你有美好的一天，朋友'之类的话，就是一句简简单单的'再见'，几乎和滚蛋一样，就像在说'我不想浪费时间这么做'。"

鲁日告诉我："人们曾谈论过苹果的文化有点儿偏于冷淡——这可能是一种美化过的说法。要我说，它完全是冷冰冰的。"

扎克伯格和皮查伊会召开公司全员大会，贝佐斯创造了六页备忘录，而苹果公司几乎没有渠道向领导层传递创意。我问一位曾做过设计演示的苹果前员工，她怎么把自己的想法传达给库克和他的管理团队。"嗯，这不太可能，"她告诉我，"这种事可能不会发生。我从未听说有人试图这样做。"

尽管库克与普通员工十分疏离，但他颇受公司高级管理人员的欢迎，他们形容他是一位体贴、严谨的首席执行官，幽默感十足并且性格谦和。

"你可以放心，他绝不会冲动行事。他对每件事都深思熟虑，无论是小事还是非常关键的战略问题，"苹果全球人才和人力资源前副总裁丹尼斯·杨·史密斯告诉我，"他对深思熟虑的原则身体力行，不断追求卓越，关注细节，并且不断努力做到更好，为客户提供力所能及的最好产品。"

在几年前的商业环境中，由于大量执行性工作阻碍了公司激发员工创意的能力，不难理解为什么库克会自然而然地成为乔布斯的继任者。但今天的商业世界已经完全不同。苹果很可能必须不得不适应这一新的环境。一个能够善用员工创意、富有远见的领导者显然将比不善于这样做的人更为有效。

筒仓心态①和保密原则

苹果的产品开发是在极度保密的情况下进行的，甚至公司的大多数员工也毫不知情。保密是为了鼓励专注，支持公司对卓越的追求，

---

① 筒仓心态，也被译作"谷仓效应""孤岛效应"，可用来指企业内部缺少沟通，部门间各自为政，只有垂直的指挥系统，没有水平的协同机制。——译者注

也是为了防止泄密。

如果苹果的员工想和同事讨论他们正在进行的一个项目，他们必须获得"披露"许可，即获得公司官方许可进行讨论，他们的同事也必须获得披露许可。除非双方都获得了披露许可，否则苹果禁止员工与任何人谈论他们的项目，包括他们的同事、朋友和配偶。"我不能和团队中需要完成某项工作的同事谈论他们需要完成的工作，"苹果营销部门的前员工马克·迈纳告诉我，"我不能提及产品的名字，也不能用代号。除非某人知道代号，否则你不能向他们提及代号。"

严格的披露系统有助于最大限度地减少干扰，让人们专注于自己负责的产品中最微小的细节。一位苹果前工程师告诉我："作为一个个体，这会让你更清楚自己应该专注什么，因为你根本不知道其他东西。在谷歌，人们可能会有一种感觉，觉得每个人好像都可以负责一切，每个人都知道发生的一切，每个人都在内部测试一切，并且每个人都对他们测试的东西给出反馈，这导致个人所有权较少。而在苹果，你只知道一件事，那就是你必须做好的一件事。"

或者，像戈德斯坦所说的："他们各自孤军作战，从而达到术业有专攻的效果。"

除了强化关注点，苹果的保密工作还有助于其在发布新产品时给客户带来惊喜。这种惊喜成功地吸引媒体和苹果发烧友密切关注苹果每年两次的发布活动，一次是 iPhone 新品发布会，另一次是苹果全球开发者大会（WWDC），该会议的主题是开发人员如何在苹果操作系统之上进行软件开发。

在发布活动开始前大约一周，苹果的营销和传播团队就会进入一个所谓"黑站"，那是一栋所有窗户都被遮得严严实实的建筑，专门用来审查和翻译新产品的营销材料。在这栋建筑物里，人们准备好各种渠道和场所所需的宣传材料，包括实体店、广告牌和网络，然后就等好戏开演的那一刻。"这一切都发生在库比蒂诺①的一座小楼里，这些人在封闭的环境里完成了惊人的工作。"迈纳告诉我，并补充说，他最终发现这种严格的保密是值得的。"他们控制信息的能力值得称赞，"他说，"作为一个营销人员，控制信息意味着一切。"

如果苹果员工泄露新产品的信息，甚至是提前展示已发布的产品预览，他们就会被解雇。在布鲁克·阿米莉亚·彼得森去苹果园区探望她的父亲、硬件工程师肯·鲍尔时，她在 YouTube 上发布了一段视频，这段视频展示了鲍尔负责的 iPhone X，一款已经被宣布但尚未公开发布的手机。这是一个代价高昂的错误行为。[5]

鲍尔告诉我，彼得森总是带着她的相机。所以当她拍下这部手机时，他并没有觉得有什么不寻常。他说："看到她拿着相机，确实，我本就有所警醒，提醒她这也许这是个坏主意。但是，这就像你的孩子喜欢棒球，他每天都戴棒球帽，因此你已习惯了，根本不会去想这件事。"

彼得森发布了她的视频后，这个视频被迅速传播开来，并吸引了

---

① 库比蒂诺（Cupertino）是位于美国加利福尼亚州旧金山湾区南部、圣塔克拉拉县西部的一座城市，是苹果总部所在地。——译者注

苹果内部人员的关注。鲍尔告诉我说："突然，我在早上 8 点接到苹果安全部门的电话——'嘿，有个问题。'几乎同时，我也收到了老板发来的短信。"

彼得森删除了这段视频，但其副本不断扩散。鲍尔试图删除那些副本，但没有成功；互联网正在发挥它的威力。鲍尔说："我极度沮丧，立刻感受到这件事的严重性，并且意识到，我的工作可能保不住了。"

在与苹果安全部门的谈话中，鲍尔承认了这个错误，并试图说服他们相信他不可能再犯类似错误。"大概只过了一天，结果就出来了——'好吧，你可以走人了。'他们把我请出了办公室，就这样，我完蛋了。"他说。

鲍尔后来很快就找到了新工作，部分原因是他对女儿视频引发的公众巨大关注所表现出的平和反应，他似乎很平静地接受了现状。"我对他们没有怨恨。"他说。

设计师主导的开发过程、极度聚焦以及保持惊喜性，这些因素结合在一起，使苹果的拳头产品成为全球最受欢迎的产品。但随着苹果面临巨大的变化（就像谷歌当时所面临的键入与点击转变为交谈和触击时的巨大变化），这些因素正在悄悄地威胁着苹果的地位。

"恰到好处的样子"

2019 年 1 月 2 日，蒂姆·库克罕见地在苹果官网上发表了一封公开信。[6]"致苹果投资者，"他写道，"今天，我们正在修订苹果公司

2019 财年第一季度的财务业绩指引。"这封信标志着自 2002 年以来苹果公司首次修订财务预测，[7] 在那一年，苹果公司预计其收入将低于预期至少 1.5 亿美元。而这一次的损失更大，至少 50 亿美元。

库克列举了一些下调的原因，但其中只有一个是实质性的原因，那就是 iPhone 销量欠佳。库克写道："iPhone 的收入低于预期，主要是大中华区销售收入低于预期，这是导致我们收入低于原来的全部原因，也是我们全年收入同比下降的主要原因。"

中国经济和中美贸易摩擦是导致 iPhone 销量下降的部分原因，但另一个因素的影响更大：经过多年的快速发展，智能手机的总体水平已经相当高，拥有顶级机型不再重要，人们在手机更新换代时会间隔更长的时间，这对苹果的销售造成了影响。2018 年 11 月，苹果曾表示将不再公布 iPhone 的销量数字，这也预示了未来的情况。

苹果联合创始人史蒂夫·沃兹尼亚克（Steve Wozniak）提出了一个令人信服的观点，即 iPhone 已经发展到了一个无须不断升级的阶段。他在 2017 年的一次采访中表示："我很满意我的 iPhone 8，[8] 但它和 iPhone 7 一样，和 iPhone 6 也没什么不同。"他还表示，他不会升级到 iPhone X。"看看汽车。几百年来，每一辆车都有四个轮子，其大小适合人类乘坐，它们还会有前大灯。汽车本身并没有发生多大的变化，因为它们找到了恰到好处的样子。现在，智能手机也已经找到了它恰到好处的样子，适合手掌拿握——各种大小的手掌。"

在一次接受 CNBC（美国消费者新闻与商业频道）采访时，[9] 库克勉力摆出信心十足的面孔。当时，CNBC 主持人吉姆·克莱默表示，他的女儿不会换新手机，因为她认为自己并不需要一个最新款的手机，库克对此表示接受。"对我来说，最重要的是她开心。"他回答道。

不过，这件事令苹果清醒地认识到一个严酷的现实。十多年来，苹果公司一直致力于不断完善乔布斯的构想，使其达到近乎完美的状态，但现在，盛宴即将结束。乔布斯于 2007 首次推出 iPhone，随后，它变得越来越轻薄，速度越来越快，并已经成为 21 世纪初最伟大的消费设备。但正如沃兹尼亚克所指出的，改进的边际效益越来越不明显；与 iPhone 6 相比，iPhone 7 和 iPhone 8 实际上并没有太大的区别。与此同时，苹果的竞争对手正在迎头赶上，制造出与 iPhone 相媲美的摄像头和处理器，从而降低了它在这一领域的优势。苹果在中国的损失尤其惨重，在那里，微信这种可以实现聊天、付款、投资、打车等功能的应用程序已成为一种事实上的操作系统，从而使用户可以轻松地切断对苹果 iOS 的依赖。

随着不断完善乔布斯的 iPhone 已不再是一条可靠的增长路径，苹果制订了超越自身的宏大计划，而要实现这些计划，苹果需要再次变得富有创造力。然而，它的文化完全围绕拥有远见卓识的领袖而建立，已经不再适应当今时代，但它似乎还没有准备好改变这一文化，从而带领公司迈向新的辉煌。

HomePod 的溃败

早在苹果智能音箱之前，苹果就已经拥有 Siri，[10] 这是 2011 年

10 月 4 日，也就是乔布斯去世的前一天，苹果在 iPhone 上发布的一个语音助理。

有了 Siri，苹果曾经有机会在语音计算领域占据领先地位。但是，为了让 Siri 有更大机会成功，苹果公司需要抛弃完善者思维。它将不得不放弃筒仓心态和保密原则，允许 Siri 团队与其他部门合作，以了解他们的产品如何与 Siri 整合，就像谷歌在其语音助理项目中所做的那样。它还必须将 Siri 视为独立于 iPhone 的一个产品，这样它才能插入其他服务。但这些都没有发生。

Siri 团队的一位创始成员告诉我："自从 2011 年 10 月，就是史蒂夫去世之后，[11] 问题就开始出现。库克是一个非常棒的人，在很多事情上都非常棒，特别是在执行方面，因为他拥有运营的背景，但他在产品方面毫无远见可言。"

苹果没有放手给 Siri 团队自由，而是坚守自己的筒仓心态和保密原则。它自上而下地制订了团队工作计划，对项目严格保密，并确保团队成员与同事尽可能不做互动。

那位创始成员称，由于缺乏合作（与谷歌在语音助理项目中的做法相反），Siri 项目的进展受到阻碍。"我们需要三个工牌才能进入办公室。其他任何人都不能进入我们的办公室。我们藏得严严实实。没有人知道我们，"他说，"他们相信一个团队可以依靠自己做任何事情。这实在很愚蠢。你唯一应该做的事就是协作，尤其是当你正在开发的产品使用来自不同领域的大量信息时。"

苹果之所以决定保守秘密，部分原因在于其领导层对语音助理的看法。对他们来说，Siri 是对苹果手机的一个改进：一种有趣的、嵌入式的个性，因而可以让手机更具吸引力。但这是一个重大的战术失误。由于他们关注的是 Siri 的个性而不是其作为助理的实用性，他们开发出的产品并不是一个称职的助理，从而使人们对它完全丧失了兴趣。

如果苹果的领导层认真听取员工的意见，他们就会把 Siri 视作更重要的东西。开发 Siri 的普通苹果员工曾希望将其开放给苹果生态系统之外的第三方，使其成为网络和应用程序之上的语音层，并由此成为非常有用的产品。但这些员工的意见并未被采纳。

"很长一段时间以来，我们很多人都在推动苹果向第三方开发者开放 Siri。但他们不想这么做，"一位参与 Siri 开发工作的人告诉我，"他们把它看作苹果手机的一项功能。他们并没有真正将其视为未来的操作系统。"

由于从这个角度定位 Siri，苹果在该项目中给予设计师过高的权限，这是另一个错误。多位 Siri 工程师告诉我，设计师把 Siri 设想成一个神奇的、类人的生物，这也是导致 Siri 性能不佳的原因之一。当工程师们试图建立一个反馈工具时，设计师拒绝了他们的提议，因为要求人们评估 Siri 的性能会降低它超自然的感觉。在没有反馈的情况下，工程师们只能勉为其难地改进这个语音助理。

那位前 Siri 工程师告诉我："即使有 1% 的用户告诉你哪些地方不对劲儿，或者哪些地方是好的，也会是非常有价值的反馈。但是他们不想这么做，因为这会打破你正在和一个'人'交谈的错觉。我记得我们和他们为这样的事情吵了很多架。除非我们能收集人们的反馈，否则我们无法改进。"

设计师们还在 Siri 中加入了动画，这些动画看起来很美，但拖慢了产品的运行速度。当工程师们对此提出意见时，设计师们并没有接受。那位前 Siri 工程师说："你很难让设计师接受你的意见，因为他们总是会说，'哦，但是看看这些动画有多漂亮'。"

苹果的计划过程又为项目增添了一重障碍。苹果通常每年做一次计划，这是一个基于硬件的开发计划。在 Siri 项目中，至少在初期，公司会向团队下达一套当年需要开发的功能，基本没有给团队任何在研发过程中做出改变的灵活性。

苹果公司曾经开发出包括操作系统在内的许多优秀软件，但这些系统不像虚拟助理那样高度依赖机器学习，因为虚拟助理要能够听懂并开展对话。对一个利用机器学习这种实验性技术来开发助手工具的项目而言，以年度或半年为期做出的计划时间表显然十分不利。这样的项目需要在实施过程中拥有灵活性，根据实际情况进行动态调整。

从本质上讲，操作系统是一个承载不同软件程序的平台，这些程序在其中独立运行，而助手必须深入到各种程序中，需要更大的灵活性和更深入的协作。受制于其因循守旧的文化和僵硬的规划过程，苹果已经力不从心。

另一位前 Siri 工程师告诉我："对苹果来说，最大的问题是他们在推进 Siri 这样的项目时，就好像在做一个你预先就知道你到底想做什么的硬件项目。但在实际推进时，你应该谦虚，应该积极进行不同的尝试，看看哪种方法或事物是有效的；你应该在那些有效的事情上投入更多，你应该花更多的时间在那些事情上；你应该认识到，取得成果要花更长的时间，因为你在做尖端的、机器学习型的工作，你不可能提前预测出所有工作。"

2014 年 11 月，亚马逊发布 Echo 以及其嵌入式语音助手 Alexa 时，苹果对智能扬声器的概念并不感到意外。苹果在过去曾试图将 Siri 植入音箱，但后来可能是出于质量的考虑放弃了这个想法。不过，Echo 的流行迫使苹果必须采取行动，意识到语音计算将成为互联网和应用程序之上的新操作层，从而挑战屏幕的霸主地位。于是苹果公司不情愿地加入了这场战斗，并着手开发内置 Siri 的音箱。

智能音箱项目本可能成为苹果的一个转折点。在 iPhone 中，Siri 只是一种功能，但与 iPhone 不同，智能音箱的完整体验将取决于其内置的助手。为了使智能音箱获得成功，苹果本该抛开它的简仓心态和保密性原则，以及其以设计师为主导的产品开发过程，拥抱工程师思维，努力将来自各个层次和部门的想法融合在一起。但它再次选择了固守割据而不是紧密协作。

从智能音箱项目启动伊始，苹果就切断了开发团队间的联系，一些工程师甚至不知道他们到底在做什么。一位曾在智能音箱项目工作过的苹果前工程师告诉我："有人在某个时候曾提到过，'这和 Echo 很相似'，这就是我知道的全部了。在正式发布前几个月，我碰巧在一个工程师的办公室里看到房间的角落有一个纸箱。我随口问了句

'那是什么？'，然后他回答说'那是智能音箱'。就这样，我碰巧看到了一个没开箱的智能音箱。"

苹果把 HomePod 团队安置在公司主办公区外的一栋大楼里，只有一小部分员工可以进入。与 Siri 时代相比，一切都没有改变。"你不知道自己正在做的项目的全貌，"另一位参与了智能音箱项目的工程师告诉我，并表示他并没有费力气去挑战苹果冗长的披露流程，而是选择只和同一小组的人进行讨论，"无法与其他团队协作会使工作变得非常困难，因此你不得不想办法做一些变通。"

与此同时，苹果公司缺乏内部沟通工具，这也造成了重复性工作和毫无必要的变通之道，并因此减缓了项目进度。"工作文档极度缺乏，"后面那位 HomePod 工程师表示，"有些事情你以为没有文档，所以只能猜测或者自己想出解决方案，但实际上在某个地方是有现成的文档的。"

苹果公司计划在 2017 年节日季之前发布 HomePod。但随着发布日期的临近，这个设备的一些核心功能出现了故障。随后，苹果公司罕见地做出了推迟发布的决定。[12] 随着节日季的临近，苹果在一份声明中表示："我们迫不及待地希望人们体验到 HomePod，这是苹果针对家庭推出的突破性无线音箱，但我们需要再多一点儿时间，才能让它做好准备为我们的客户服务。我们将于 2018 年初开始在美国、英国和澳大利亚发货。"

延后发布时间并没能使苹果改进设备的缺点。智能音箱首次亮相后，即使是像马克·布朗利这样通常对苹果抱有好感的人也无法掩饰自己的失望。目前，智能音箱的销量极差，以至于 eMarketer 仍将其销售数据归入"其他"类别，而亚马逊的 Echo 和谷歌的 Home 已经有了独立的销售数据。2018 年，亚马逊 Echo 拥有 4360 万用户，谷歌 Home 拥有 1930 万用户，"其他"类别共拥有 700 万用户。

在我们谈话的最后，我问那位 Siri 的原始团队的成员（他后来离开了苹果），他是否拥有一个智能音箱。

"我有一个，因为我拥有内置语音助手的每一个产品。"他告诉我。

"我觉得它的设计一如既往地非常出色，"他说，"不过助手本身简直糟透了。"

操控

如果你愿意，请想象下面的场景：满面笑容的蒂姆·库克站在苹果的史蒂夫·乔布斯剧院的舞台上，主持自 iPhone 发布以来苹果最大型的发布活动。

这个剧院位于苹果库比蒂诺办公区外围的一个地下礼堂，专为大型发布活动而建。而库克，将面对台下聚集的上千位媒体记者、合作伙伴和员工，隆重推出新品。

库克转向观众，首先向过去致敬。"任何公司，只要能拥有一款革命性的产品，都可谓是幸运的公司。苹果更是有幸拥有三个这样的产品，"他可能会说，"苹果电脑（Macintosh）、苹果音乐播放器（iPod）和苹果手机（iPhone）都深刻地改变了人们的生活。今天，我们很高兴向你们展示另一个革命性的产品。"

然后，库克以他亚拉巴马人一贯的风格直接切入主题。"今天，我们将推出苹果汽车（Apple Car），"他说道，"苹果汽车是一款全电动汽车，拥有世界级的车内体验，实现超越人类的驾驶能力。我们完全自主制造了它从内到外的一切，我保证你一定会爱上它。"

你可以想象，台下的人一定会激动得发狂。这正是苹果公司梦寐以求的，因为它如今正在努力打造这样一款汽车。21 世纪第二个十年中期，当 iPhone 已经几乎达到"恰到好处的样子"时，苹果开始寻求打造自己的自动驾驶电动汽车。这个项目代号为"泰坦项目"（Project Titan），苹果公司已为此投入大量资源，相信它可以成为公司的下一款"革命性"产品。但我们可能还要等很长一段时间才能看到库克发表上面的演讲。

苹果汽车（或该公司最终赋予它的任何名字）的开发正面临严重困难，阻碍它的正是曾经困扰过智能音箱项目的相同因素：苹果让设计师向人工智能工程师发号施令，并抑制内部的技术交流。它把工程师们关在一个个筒仓里，因而阻碍了项目的进展。同时，它对 iPhone 的痴迷也让它无法更具批判性地思考如何正确地制造一辆汽车。如果说，苹果在智能音箱上的失利可以被视作一次性事件抛在脑后，那么它在苹果汽车项目上遭遇的问题清楚地表明，它存在系统性问题。

在苹果内部，这款车被视为与 iPhone 一脉相承。iPhone 融合了世界级的硬件（设备）和尖端的软件（iOS），为手机设定了一个全新的标准。这一次，苹果也希望用不同的硬件（汽车）和全新的软件（自动驾驶系统）来实现同样的目标。

"我们将 iPhone 视作起点，"一位曾在泰坦项目工作过的工程师告诉我，"这是最基本的问题之一。"

由于把汽车项目当作对 iPhone 的完善来运作，苹果再次让设计师来做关键的决定。如果你想建造一辆自动驾驶汽车，那么车载软件比汽车的外观更重要，这一点与智能音箱十分相似。但是，设计部门自上而下发布累赘恼人的命令，而不是听取怎么做会对项目最有利的建议，使项目中的工程师感到沮丧。

例如，设计试图隐藏汽车的传感器，认为这些丑陋的附件会使自动驾驶汽车看起来像一个滚动的潜艇。但是，把传感器藏起来的设计要求阻碍了传感器的视野，限制了它们能够收集到的数据量，迫使工程师们采取次优的变通方案。

设计部门也对方向盘提出了自己的意见。在给不同的小组分配任务，分别设计有方向盘和无方向盘的汽车后，设计人员完全取消了方向盘，从而给接下来负责完全自动驾驶的团队带来了进一步的技术挑战。一些设计团队说："我们要把它完全去掉。""哦，没错，我们可以在四五年内设计出一辆没有方向盘的汽车。"那位工程师在谈到方向盘时表示，实际上，研发工作不是这样进行的。缺乏一个得到全面支持的迭代过程极大地伤害了苹果的新计划。

另一位曾参与泰坦项目的工程师也对设计的影响力感到惊讶。他说："除了工程上的挑战，你还增加了这些设计上的挑战，从而使成功几乎变得不可能。工程师显然对设计没有太多发言权。他们再次被迫寻找变通之道。"

第二位工程师指出，苹果的筒仓文化则进一步阻碍了项目的进程，他还表示，苹果公司以一种完全错误的方式对待机器学习。"我们有些人在研究自主系统，有些人在研究人脸识别，我们不能互相交谈，也不能分享自己正在做的事情，"他说道，"不过，你只要到外面走走，就会发现有些人在检测汽车，有些人在检测眼睛、瞳孔和面部特征。人们实际上分享了很多东西：他们分享了许多神经网络模型，许多惯常的实践。我觉得这么做实在很傻，这种方式确实减慢了人工智能算法的开发速度。"

最后，苹果公司的管理层还迫使工程师坚持使用他们不那么先进的内部技术（这一点我们稍后还会详细介绍）。

"他们自己的东西从来没准备好，总是处于不足的状态，"第二位工程师说，"这就是苹果的问题。"

2019 年 1 月，苹果从苦苦挣扎的泰坦项目中撤走了 200 名员工。[13]一位公司发言人告诉 CNBC："苹果公司拥有一支非常有才华的团队，致力于自主系统和相关技术的研究。随着团队在 2019 年将工作重点放在几个关键领域，一些团队正转向公司其他部门的项目，在那里他们将支持整个苹果的机器学习和其他举措。"

对苹果来说，智能音箱项目和汽车项目一定让其感觉像一场重复的噩梦。前者未能如期发布，随后令市场大失所望；后者目前还没有发布日期，且正在缩减人员。两者之间有一个共同点，那就是文化。

一些曾经支持苹果发展的因素，如保密性和自上而下的计划，现在已经阻碍了该公司在未来创新方面的努力。工程师思维模式的缺失是显而易见的。

在我为撰写本章而采访的 20 多位苹果前员工中，许多人仍然是忠实的苹果股东，并表示他们对公司的未来寄予厚望。尽管如此，在坦诚交谈的时刻，他们的怀疑依然逐渐显现。正如第一位泰坦项目的工程师告诉我的那样："如果你不能使音箱足够智能，你又怎么能让汽车变得智能呢？"

信息系统与技术问题

对苹果公司而言，听取员工的想法并找到方法将其变为现实并不是优先考虑的事情。因此，苹果公司的领导层并没有像亚马逊、脸书和谷歌那样强调通过内部技术来尽可能减少执行性工作。苹果的内部工具非但不能带来惊喜，反而常常是惊吓之源。

苹果内部的一个名为信息系统与技术（IS & T）的部门，负责构建公司大部分内部技术工具，从服务器和数据基础设施到零售和企业销售软件。这些工具几乎遭到员工的一致指责。信息系统与技术部门主要由合同工组成，这些合同工则由多家激烈竞争的咨询公司所雇用，由于经常性的功能失调，导致技术水平不佳。一位曾与信息系统与技术部门密切合作的前员工告诉我："这是一个庞大的合同工组织，负责公司大量的基础建设。这个组织从上到下纯粹是一场《权力的游戏》①式的噩梦。"

　　与多位信息系统与技术部门前雇员及其内部客户的访谈描绘出该部门极度混乱的画面，频繁的内斗阻碍了有用软件的开发，而且合同工被视为随时可被抛弃的一次性部件。

　　"冷战每天都在上演，"曾两次在该部门工作的合同工阿卡纳·萨巴帕西告诉我。萨巴帕西第一次在信息系统与技术部门工作了三年多；第二次则只持续了一天。她说，在该部门内部，维布络（Wipro）、印孚瑟斯（Infosys）和埃森哲（Accenture）等承包公司长年为填补人员空缺和赢得项目而争斗不休，而这些项目最终分配给谁主要依据它们能够以多低的报价来满足苹果的需求。

　　"他们只是在为这些职位空缺而战，"萨巴帕西说，"这才是他们关心的，而不是工作，不是交付成果，也不是他们投入的精力，甚至不是人才。他们根本不会考虑这些方面。"

　　因此，信息系统与技术部门充满了供应商部落主义，对承包公司的忠诚高于一切。谈到跨供应商关系时，萨巴帕西告诉我："你根本不会去想什么交朋友之类的事。这已经不是美国传统的工作方式了。本来，你到了一个工作单位时会建立关系，因为你大部分时间都会待在那里。但是在信息系统与技术部门，情况完全不是这样的。"

　　在这种动荡不安之中，信息系统与技术部门的员工可能会因为他

---

① 《权力的游戏》是美国 HBO 电视网制作推出的一部中世纪史诗奇幻题材的电视剧。全剧充斥着阴谋、斗争和冲突。——译者注

们的合同工离开而陷入困境。那位曾将信息系统与技术部门比作《权力的游戏》式的噩梦的苹果前员工告诉我："和我一起工作的那个人被调到了一个完全不同的团队，他们只是突然换了一个人，然后那个人干了不到一个月也走了。在那些人走后，来了一个新的项目经理，但是没人告诉我。我完全是无意中得知此事的。"

当信息系统与技术部门的项目最终完成时，它们可能会给苹果员工带来更大的麻烦，给他们留下一个烂摊子来收拾。好几个人告诉我，在信息系统与技术部门交付的产品出现故障后，他们的苹果同事被迫重写代码。

在硅谷颇受欢迎的问答网站 Quora 上，有这样一个问题："苹果信息系统与技术部门的工作文化如何？"[14] 这个问题引来一些令人难以置信的回复。排在最上面的回答来自一位匿名用户，他说自己曾在这个部门工作过，他写道："工程质量极其低下，当我刚加入时，看到项目的设计和开发过程，我被彻底惊到了。把他们的代码质量和高中生或刚毕业的大学生所写的代码相比，你完全看不出两者有什么区别。"我向一位信息系统与技术部门的前全职员工求证上面这段话，他表示这种说法非常准确。

Quora 上的另一个回复甚至更吓人。上面写道："我想分享自己在信息系统与技术部门的工作经验。相信我，这个部门比你听说过的印度大多数 IT 血汗工厂更糟糕。对工程师来说，那是一个糟糕的工作场所。从我加入这个部门的当天，直到我从这个部门辞职去另一个部门工作为止，每天都是在浪费生命，我为加入这个部门而诅咒自己。"

萨巴帕西告诉我，苹果员工对其信息系统与技术部门中的合同工的期望值是不现实的，因为他们只看到支付给咨询公司的总额（每小时 120 美元至 150 美元），但在这些公司扣除自己的分成后，合同工拿到手的收入会低得多（每小时仅有 40 美元至 55 美元）。这种做法使苹果只能雇到水平较差的合同工，但对他们的要求却很高，这无疑会带来让人失望的结果。

当我问萨巴帕西对 Quora 上的帖子有何评论时，她给我解释了一下背景。她说："这些合同顾问来自印度，他们在印度已经习惯了这种事情，他们在这里也只得忍受同样的行为。这和我们在印度所处的环境几乎没有分别，而我们恰恰是为了摆脱那种环境才来这里的。因此，当被迫重新回到同样的环境，经历同样的事情，我们会感到痛苦。"

苹果并不是唯一一家拥有大量合同员工的科技巨头，这些合同制员工在运营状况存在问题的环境下工作。脸书、谷歌和亚马逊都雇用了大量的合同工，他们中的许多人都像全职员工一样努力工作，但没有同等福利和薪水。这些合同工的队伍正在迅速壮大，权益人士开始注意到这一点，并正在推动为他们争取更好的条款。例如，谷歌的员工举行罢工，将改善合同工待遇作为其抗议的核心。伯尼·桑德斯（Bernie Sanders）① 曾抨击亚马逊在其合同工方面缺乏透明度，

---

① 伯尼·桑德斯（Bernie Sanders）为代表美国佛蒙特州的联邦参议员，他也曾担任过代表该州的联邦众议员。2016 年总统大选的民主党竞选人之一，以其社会主义竞选主张而闻名。——译者注

并推动该公司提供每小时 15 美元的最低工资标准。[15] 2019 年 2 月，The Verge ① 的凯西·牛顿（Casey Newton）曝光了脸书公司每年向一些合同制版主支付 2.8 万美元的年薪，[16] 而与此同时，其全职员工的平均年薪高达 24 万美元（脸书随后提高了其版主的工资）。

对苹果来说，修复其支离破碎的信息系统与技术部门不仅从道德角度来看是正确之举，而且也有助于公司的业务发展。如果苹果要再次变得有创造力，它需要给员工更多的时间来开发新想法。因此，未来信息系统与技术部门可能会成为令苹果保持优势的部门，开发出能最大限度地减少执行性工作的工具，以便让员工有余力创新。但在苹果对该部门进行认真审视之前，其员工将受困于糟糕的内部工具，不得不花大量时间重新编写损坏的内部软件，创新则只能是一个美好的愿望。

对峙

2015 年 12 月 2 日上午，两名恐怖分子走进加州圣贝纳迪诺的一个会议中心胡乱开枪，[17] 到他们离开时已造成 14 人死亡。第二天，在执法人员已经将两人击毙后，联邦调查局来到他们位于会议中心附

---

① The Verge 是美国一家科技媒体网站，成立于 2011 年 11 月 1 日，办公地点位于纽约曼哈顿。The Verge 网站提供新闻、产品评论、播客、视频等内容。——译者注

近的家中，搜出了一部 iphone 5c 手机。

联邦调查局认为，这部 iPhone 手机有可能成为调查已故恐怖分子及其行动潜在诱因的关键证据，但只有一个问题——它被锁上了。调查局发现，要想拿到手机里的内容，必须首先破解一个四位数字的密码。如果猜错十次，手机就会自动清除内容。

联邦调查局要求苹果公司帮助其解锁手机。但苹果也没有办法绕过十次密码猜错的限制。联邦调查局并没有退让，要求苹果公司建立一个后门，即一个允许无限密码猜错的新版本 iOS。这个新的 iOS 版本如果安装在这部 iPhone 5c 上，[18] 就能让联邦调查局获得所需的信息。但开发它也会使数亿部苹果设备，而不仅仅是一部 iPhone，[19] 面临遭受有害访问的风险。库克拒绝了联邦调查局的请求，因为这对库克来说是无法接受的。不久之后，联邦调查局起诉了苹果公司，强迫它必须这么做。

做出拒绝联邦调查局的决定并不容易——万一有人因为那部手机上的保密信息而丧生呢？然而，苹果公司坚定地做出了这一决定。2016 年 2 月，在给苹果客户的一封态度坚决的信中，库克明确表示了他为什么选择站在隐私一边。[20]

他说："政府的要求所隐含的内容令人不寒而栗。政府可能会扩大这种侵犯隐私的行为，要求苹果公司开发监控软件，在你不知情的情况下拦截你的信息、访问你的健康记录或财务数据、跟踪你的位置，甚至可以访问你手机的麦克风或摄像头。反对这个命令不是我们轻易做出的决定。我们认为，面对美国政府的过激行为，我们必须直言不讳。"

这场战斗使库克成为一名隐私保护斗士，一个不惜一切代价为隐私而战的人，不管对手是谁。库克充分地表达了自己的核心观点。随着与联邦调查局的斗争日益激烈，他出现在《时代周刊》的封面上，封面上的文字是"苹果首席执行官蒂姆·库克与联邦调查局之争以及他为什么不让步"，并配了一张他一脸坚毅地坐在办公桌前的黑白照片。

最终，联邦调查局通过第三方进入了电话，并且这场官司也撤销了。但这并非重点，这场对决对库克来说是一个决定性的时刻。苹果一直致力于投资隐私保护，这是一种商业模式的结果，在这种模式下，它的客户就是它的用户，它不需要渴望数据的广告商来买单。不过，通过对联邦调查局的抗争，每一位对此关注的人都会把隐私和苹果紧密地联系在一起。从那时起，库克就把隐私作为苹果对外传递信息的核心元素。

库克之所以将隐私作为苹果公司的核心，有几个原因：首先，正如沃兹尼亚克所言，随着手机已经拥有了"恰到好处的样子"，令 iOS 操作系统极其难以关闭是符合苹果的利益的。其次，通过强调保护隐私，库克将苹果的 iMessage 与脸书的 Messenger、苹果地图与谷歌地图，以及苹果 Siri 与谷歌助手区分开来。库克和他的副手们在苹果的大型活动中不遗余力地传达着这一注重隐私保护的信息。他们说，如果坚持使用苹果的软件，你会对自己的数据感觉更放心。保护隐私现在也是苹果广告信息的一部分。在 2019 年拉斯维加斯消费电子展期间，苹果公司购买了一块显眼的广告牌，上面写着"iPhone 上发生的事情只会留在你的 iPhone 上"。

在苹果的隐私保护宣传中，库克无情地对脸书进行了批评，这是一个合乎逻辑的立场，因为脸书拥有三个大型通信应用程序：Messenger、WhatsApp 和 Instagram，并且其很快可以实现互通。这些应用程序将和中国的微信一样，可以取代 iMessage，从而让关闭 iPhone 更加容易。因此苹果不愿错过任何一次抨击它们的机会。

当脸书深陷剑桥分析丑闻时，库克又上了头条新闻。当时，一位采访者问库克，如果他处在扎克伯格的处境，他会怎么做。库克回答说，苹果永远不会出现这种情况。"如果我们的客户是我们的产品，我们可以赚很多钱，"他说，"我们不会选择这么做。"

在库克经营下，苹果越来越像一家奢侈品公司，但其畅销产品 iPhone 正逐渐与市场上其他产品别无二致。如果苹果公司不能在这一领域中独树一帜，它就需要一些东西，比如隐私保护，来保持其品牌的光辉。

当我看了布朗利有关苹果智能音箱的视频时，我想知道，如果苹果的产品不如竞争对手的好，那么它能否继续成为 YouTube 网红（也是当代潮流的引领者）心中的时尚之选。于是，我打电话给凯西·奈斯塔特，一个拥有超过 1100 万订阅户的 YouTube 网红和企业家，询问他的想法。

"抛开产品不谈，从我作为消费者的角度来看，苹果和蒂姆·库克一直能够理解我，甚至可以说是越来越理解我，"奈斯塔特告诉我，"我之所以信任苹果，是因为他们公开强调隐私保护。闭上眼睛感受一下我对脸书的看法，我对脸书感到害怕。每一天，我都在进行心理斗争，问我自己是否能负担得起因为害怕而关闭我的脸书和Instagram账户，因为这是我的职业。我完全不知道它们在对我的数据做什么，我无法理解，我觉得我没有任何控制权，而这真的很可怕。"

在与苹果员工的谈话中，我意识到，苹果对保护隐私的承诺已成为不可撼动的信条。苹果并没有像同行那样随意对待客户的数据，这样做有时甚至会损害自己的产品。苹果智能音箱的一位工程师告诉我："由于隐私问题，他们不能让团队像谷歌和亚马逊的相应团队那样，访问大量数据。那真是糟透了。"

1997年，苹果公司著名的"Think Different"（非同凡想）广告活动推出的那一年，史蒂夫·乔布斯就他看待营销的方式进行了一次内部演讲。他说："对我来说，营销的核心是价值观。[21] 这是一个非常复杂的世界，一个非常喧嚣的世界。我们不会有机会让人们铭记我们太多东西。没有一家公司能做到这一点。所以我们必须清楚，我们希望他们记住我们什么。……我们的客户想知道，苹果是什么，以及我们代表什么。"

在那则广告中，苹果发出了一个具有挑战性的信息。随着阿尔伯特·爱因斯坦、马丁·路德·金、约翰·列侬和莫汉达斯·甘地的镜头滚动，它说道："向那些疯狂的家伙致敬，向那些特立独行、桀骜不驯、用不同眼光看待事物的人致敬。"此举隐含了苹果的价值观：它也是这群人中的一员，是一个桀骜不驯者，而不是一个面貌模糊的公司。

今天，苹果不再疯狂，不再特立独行或是桀骜不驯。它已成为一个价值万亿美元的巨头，曾经自认为自己也是千万小公司中一员的它对昔日的伙伴有着强大的控制力。它的产品曾经是革命性的，现在已经成熟。因此，它所传递的信息也发生了变化。苹果代表什么？iPhone。而要营销它，就需要凸显其强调保护隐私的价值观。

280 号州际公路之旅

在我即将结束本章内容时，有一个问题萦绕在我的脑中：既然iPhone 已经达到了"恰到好处的样子"，并且公司的创新能力似乎也已经萎缩，那么苹果将何去何从？我觉得史蒂夫·沃兹尼亚克可能会有一些想法，于是我斗胆给他写了一封信，并祈祷他会回复。几封电子邮件往来之后，沃兹尼亚克约我在一个周三的早上，在加州坎贝尔附近的一家烧烤餐厅见面，那里离苹果公司办公园区不远。在约好见面的那天，我沿着连接旧金山和库比蒂诺的 280 号州际公路驱车 50英里，提前 30 分钟到达见面地点，心里对这位苹果公司的联合创始人是否会如期出现没有一点底。

上午 10 点 55 分，距离我们预定的会面时间还有 5 分钟，沃兹尼亚克和他的妻子珍妮特以及商业伙伴肯·哈迪斯蒂走了进来。沃兹尼亚克显然是这家餐厅的常客，他让服务生把我们带到了后面，我们落座后点了餐。我隔着桌子打量着这位与乔布斯合作、使苹果复活的人。他设计了苹果的第一台计算机，自从 20 世纪 80 年代离开苹果公司后，他一直与苹果公司保持着密切的联系。沃兹尼亚克一点儿都没浪费时间进行寒暄就直接切入正题。他让我重新介绍了我正在写的这本书，并提出了一连串问题，我一一作答。

我们的谈话从讨论创新开始。沃兹尼亚克立刻回忆起他对 iPhone 的想法。"苹果提供了什么？是 iPhone，"他说，"十年来，它到底改变了多少？并不太多。第三方应用程序商店里的许多程序为我们的生活带来了许多变化，比如能够通过优步叫车，而我们常常将它们归功于苹果。"

沃兹尼亚克告诉我，苹果的创造力不一定是要创造出聪明的东西，而是要想出可以简化我们生活的东西。我们在谈话中一再谈到了 iPhone 的完善，比如 Apple Pay（苹果支付）和 Touch ID（触控 ID），这两个都是令人赞赏的功能。沃兹尼亚克说："我们一直以来追求的都是更容易使用、更简单、更直接、更人性化，而并不想做太多。"

这些改进帮助 iPhone 保持在手机市场的领先地位。我们都认为，即使人们不再那么频繁地购买新款 iPhone，苹果也会安然无恙。沃兹尼亚克说："作为一个用户，我对苹果目前的状况感到满意。如果它的市场份额下降了一半，那又怎么样？它仍然是一家庞大的公司，是不会消失的。"

但苹果显然不想躺在 iPhone 的功劳簿上过日子。苹果想造出一辆汽车，也希望 HomePod 和 Siri 大获成功。苹果希望史蒂夫·乔布斯剧院能够举办大型发布会，而不仅是在大屏幕上播放 Apple TV+ 节目的预告片，这项服务旨在从苹果手机用户那里赚更多的钱，就像奥普拉所说的，"因为你们大家 10 亿人的口袋里都装着它啊"[22]。此外，苹果可能还想做更多我们不知道的事情。为了实现这些梦想，苹果需要文化变革。

在和沃兹尼亚克就工程师思维模式进行了探讨后，我问他，苹果如何才能更有创造力。这位苹果的联合创始人最初绕过了这个问题，告诉我他不知道苹果是否可以"更"有创造力，因为他已经不在其位。

但在这次会面即将结束时，沃兹尼亚克回答了这个问题："让低阶经理来做决定吧，让下级员工承担更多的责任。"

第五章

微软：萨提亚·纳德拉和微软的东山再起

2007 年，微软以 63 亿美元收购了广告公司 aQuantive，这家刚刚被收购的公司内部并没有洋溢着喜庆的气氛。

一名员工听到这个消息后表示："我才不会为混蛋微软工作。"一天后，他辞职而去。

对一家刚刚被一大笔钱收购的初创公司来说，这种阴郁的气氛颇为不寻常。一般情况下，员工几乎总是会庆祝这种事情，因为他们明白，由此获得的现金和稳定的支持将使他们从创业的压力中解脱出来，从而能够专注于工作。但对于被微软收购的企业，情况显然并非如此。

aQuantive 凭借工程师思维模式成为世界上最有价值的广告技术公司。各种想法在公司内部自由流动，经理们取消了繁文缛节，员工则可以自由创新。"你可以直接走进任何一个副总裁的办公室，可以和老板交谈，也没有太多的内部竞争，"阿卜杜拉·埃拉米里，一位亲历收购的 aQuantive 员工告诉我，"团队可以随时自由行动，他们有很大的自主权。"

微软则完全不同。在当时的首席执行官、出身于销售部门的史蒂夫·鲍尔默的领导下，微软公司的管理层官僚作风严重，行动迟缓，并且墨守成规。微软当时专注于保护其有利可图的传统业务，即 Windows（视窗操作系统）和 Office（办公软件），将利润置于创新之上，形成了一种最适用于实现短期目标的命令和控制型文化。掌管着 Windows 业务的大佬几乎总是说一不二。

微软公司前娱乐和设备总裁罗比·巴赫告诉我："微软的文化老套、顽固，奉行'屋内聪明人'①式的原则。在这个地方，你最好能够站出来发表自己的观点，并且坚持到底。"

并入微软后，aQuantive 的员工知道他们将面临一场文化冲突。在短暂的蜜月期之后，"命令开始接踵而来，"埃拉米里说。有一次，Windows 团队决定在 IE 浏览器禁止运行标记了其广告定位的 cookies，几乎扼杀了 aQuantive 的核心业务。收购后依然留任的 aQuantive 首席执行官布莱恩·麦坎德鲁斯辗转得知此事，进行了激烈的斗争，他们才收回了这一决定。

微软落伍的内部技术也令 aQuantive 的员工备感沮丧。微软的人工智能技术仍然处于深度冻结状态，而且公司过于专注 Windows，

---

① 屋内聪明人（smartest-guy-in-the-room），通常代指才智过人、事业成功但是缺乏道德的商业精英。——译者注

因此拒绝使用其他公司构建的工具。当微软的员工把苹果产品带到公司时，他们会遭到同事的排斥，即使他们是在为这些设备开发产品。鲍尔默曾经在一次会议上假装砸了一部 iPhone，就此定下了基调。埃拉米里说："我们在最初面临的问题之一是，如果不是微软的技术，他们就根本不会支持。只要不是在雷德蒙德 ① 开发出来的技术，他们就碰都不碰。"

到 2012 年，微软将 aQuantive 的 63 亿美元市值减至几乎为零。每个人都清楚，文化冲突是罪魁祸首。一位 aQuantive 前经理在当时曾告诉 *GeekWire* ② 记者：[1] "无论你怎么解释广告收入与软件收入的对比，或是警告说谷歌计划推出让软件免费的计划，你都无法令一个沉迷于 Windows 的文化重新对焦。"

就在微软减记 aQuantive 资产的同一周，《名利场》刊登了一篇文章，[2] 那篇文章将鲍尔默领导微软的几年称为"微软失落的十年"。文章内容表明，aQuantive 的溃败并非个例，它写道："最初那个才华绝伦、富有远见卓识的年轻领导者所带领的精干竞争机器，[3] 现在已经演变成为一个臃肿和官僚主义严重的庞然大物，并且其内部文化在无意中鼓励管理者扼杀创新思想。"

随着 aQuantive 逐渐淡出市场，埃拉米里转投微软的 Skype（一款即时通信软件）部门。在那里，他看到了变革之风吹来。鲍尔默在

---

① 雷德蒙德（Redmond）位于美国华盛顿州金县，微软总部位于该市。——译者注
② *GeekWire* 为美国著名的科技新闻网站。——译者注

2014 年辞职，[4] 让位给已经在微软工作了 22 年的萨提亚·纳德拉。

纳德拉自称为微软的"内部人士"，他认为微软要想活下来，必须进行自我重塑，或是正如他给自己的畅销书所起的名字那样——刷新[①]。微软公司对 Windows 的执着使其错过了移动革命。它的竞争对手苹果和谷歌现在在移动领域拥有全球最重要的操作系统。此时固守 Windows 操作系统将使微软丧失立足之地，因此微软需要冒险放弃核心业务，并专注于仍然存在的未来机遇——云计算，否则它将不得不忍受"被边缘化，再接下来就是充满折磨和痛苦的衰落，并最终走向死亡"。因此，纳德拉从其在华盛顿湖对面的邻居[②]那里学到了一招，使公司重回创业第一天。

为了重塑微软，纳德拉必须首先重构它的文化。这家公司有太多的障碍，阻碍了创意在各部门之间的传播，并导致了创造力的丧失。为了扭转这种局面，纳德拉使微软看起来很像被收购前的 aQuantive。他出重拳击破了公司的层级结构，请走了把持高位的大佬。他激发创新，借助人工智能来减少执行性工作。他还通过拆除筒仓，强调同理心，以及拆分全能的 Windows 团队，以便促进合作。

《名利场》的那篇文章曾写道："微软失落的十年是商学院研究成功陷阱的绝佳案例。"

---

① 萨提亚·纳德拉 2017 年出版畅销书 *Hit Refresh*，中译本《刷新》2018 年上市。——译者注
② 指亚马逊公司。——译者注

　　而在今天，时机已经成熟，可以从新的角度来进行微软案例研究。在纳德拉的领导下，微软历史性地复苏了，正是由于关注未来而非过去，并且积极拥抱工程师思维模式，纳德拉引领了微软的复兴。

纳德拉的创业第一天

　　在加州帕洛阿尔托一个罕见的雨天，苏珊·阿西教授在斯坦福大学商学院三楼她的办公室里接待了我。阿西是硅谷少见的直言不讳的人，一位不喜欢说废话的学者，她曾经帮助我搞明白了一项不符合供求规律的研究。她还曾在史蒂夫·鲍尔默时期担任过微软的首席经济学家，这让她成为一个讨论微软公司"失落的十年"以及其如何走出困境的极佳人选。

　　我与阿西教授见面那天，她十分繁忙，一个会议接着一个会议。她在斯坦福大学校园内的办公室里堆满了书，一块白板上写满了标记。我落座之后，阿西向后靠在椅子上，开始讲述微软的辉煌历史如何成为其走向未来的阻碍。

　　她说，在鲍尔默时期的微软，存在两个不同的派系。其中一派被她称为"资产榨取者"，这一派人认为，微软应该尽其所能地从利润丰厚的 Windows 业务中榨取价值；另一派被她称为"未来阵营"，这一派人认为，微软应该冒险逐步削减 Windows 业务，并全力面向下一个计算时代谋求发展。

　　"有些人认为（而且他们自有其道理），微软既然已经拥有了这项伟大的资产（她指的是 Windows 操作系统，该系统在十多年来占据了桌面操作系统市场 90% 以上的份额），那么就应该尽可能多地从中获取利益，直到它被消耗殆尽。"阿西说，"第二种观点则对此持否定态度，认为我们实际上可以在新的发展阶段继续获得成功和盈利，但这要求我们不能着眼于榨干既有业务的价值。"

资产榨取者和未来阵营之间的关键之战是关于"云"。在 21 世纪初，微软有一个名为服务器与工具（Server & Tools）的部门，这个部门帮助客户开发可以在台式计算机上安装和运行的程序。到 2008 年，服务器与工具部门的业务规模已经达到 130 亿美元，[5] 并连续 24 个季度实现两位数增长，其收入占据微软总收入的 20%。[6] 一些服务器与工具部门的客户在创建了程序后会将其出售给其他人，还有许多客户开发了内部使用的应用程序。随着互联网的速度不断加快，许多公司开始在外部托管内部应用程序（如电子邮件服务器），并构建基于 Web 浏览器而非原来桌面上使用的软件，即所谓的云计算。看到这一向云端迁移的早期趋势，微软不得不决定它是否要支持云，以及到底在多大程度上支持它。

云计算虽然前景很好，但对微软的 Windows 业务构成了威胁。如果软件进入云端，人们将不再需要 Windows 操作系统。他们可以在任何操作系统上访问应用程序，无论是 Windows 系统、苹果的 macOS 还是谷歌的 ChromeOS。他们也不再需要微软昂贵的内部服务器。对资产榨取者来说，如果以利润丰厚的服务器与工具部门为中心发展业务，同时削弱 Windows 业务，这将是灾难性的。对未来阵营来说，这个新的业务增长点将使微软能够在云服务领域建立起先发优势，而云服务有望成为一项重要的业务。

在推动云业务的过程中，未来阵营遭遇了一个障碍：微软自己的客户表示，他们永远不会转向云。这些客户通常由首席信息官（CIO）负责为所有部门购买软件，并负责安装、保护、维护和评估这些软件。因此，这些首席信息官们一点儿都不想看到，有一天销售和市场营销等部门可以自行订阅网络上托管的软件，从而极大地降低他们手中的权力和影响力。"如果你去找这些家伙，问他们想关闭他们的操作系统，把它迁移到云端吗，你肯定会得到众口一词的否定回答。"阿西说。

在一段时间内，微软遵从了这些首席信息官的意见。但当公司的企业战略团队和阿西进行更深入的分析时，他们的发现与他们所听到的反馈背道而驰。"经过一段时间后，所有这些首席信息官要么不得不将系统迁移到云端，要么就得走人。"阿西在谈到她们的分析结果时表示。同时，在微软观望的时候，亚马逊建立起 AWS 部门，并在云服务领域抢占了领先地位。到 2013 年，鲍尔默宣布辞职的那一年，AWS 在价值 90 亿美元的"基础设施即服务"（IaaS）市场占据了 37% 的份额，[7]并以每年 60% 的速度在增长。而微软则被远远地甩在了后头，只占据了 11% 的市场份额。

微软在 Office 办公软件方面也面临着类似的决定。Office 办公套件是 Windows 设备的主要卖点，许多人购买 Windows 是为了使用 Word 和 Excel。使 Office 办公套件可在移动设备和网络浏览器上使

用，会对 Windows 造成威胁，同时还会蚕食其桌面版本来十分强劲
的销售。资产榨取者希望 Office 主要通过桌面安装来使用。未来阵
营则预见到即将到来的移动和云计算时代，因此希望 Office 能够在
任何平台上使用。

在鲍尔默时代，微软在 Office 战略方面通常会遵循资产榨取者
的愿望。在谷歌发布 Docs 和 Sheets 时，微软并没有构建适用于网络
的 Office，而是保持了 IE 浏览器的低速度，并使 Office 保持离线使
用状态。几年后，微软推出一款功能有限的网络版 Office，并将其发
布在移动设备上，但仅限于 Windows 设备。而且，即使在推出后，
微软也并未对网络版 Office 进行大规模宣传，其内部员工甚至都不
知道它已经上线。

"有一件事让我十分抓狂，"阿西说，"我记得在首个网络版 Office
推出后，我在微软内部针对它做巡回演示，在我演示网络版 Office
时，人们的反应是，'我甚至不知道它的存在'。在微软内部，人们普
遍不知道它的存在。而在外面，人们则会说，'是真的吗，真有一个
网络版的 Word？'。"

在斗争最激烈的时候，鲍尔默提拔微软必应（Bing）搜索引擎部
门的主管萨提亚·纳德拉出任服务器与工具部门主管。[8] 纳德拉不像
其他微软的高管，他并不自负，也不会大声发表自己的见解。他远离
微软内部的政治斗争（当时，资产榨取者和未来阵营，以及几乎其他
所有人，长期进行着无休止的斗争）。在必应部门的工作经历使纳德
拉得以窥见计算的未来，因此他并不认为微软现有的产品有多么神圣

不可动摇。

　　尽管必应仍然是业内的一个笑柄（《名利场》的文章在介绍它时称，其出场"仿佛自带魔性的笑声和管风琴音乐"）①，不过，纳德拉在必应部门的工作经历让他明白了云和人工智能的重要性。搜索引擎是一个在浏览器上使用的强大程序，但其需要在云端构建。与谷歌一样，必应也筛选大量数据（互联网上几乎所有的网站，以及网站内的内容和网站之间的链接），并试图理解这些数据，这是一项特别适合机器学习的任务。因此，当纳德拉在 20 世纪末期出任微软在线服务部门（包括必应在内）的高级副总裁时，他已经对互联网的未来有了初步了解。

　　"在运营搜索业务时，你需要了解数据中心的所有成本以及其各自的效率。你还必须是云端部署领域的专家，"阿西说，"同时你也必须是 A/B 测试平台、持续改进和机器学习领域的专家。萨提亚就是所有这些领域的专家。"

　　纳德拉在 2011 年接管服务器与工具部门时，他明白，仅仅面向开发台式机软件的公司提供服务器和工具产品是死路一条。

　　看到亚马逊网络服务已经取得了初步成功，同时阅读了经济学团队的分析之后，纳德拉认为，再不立即采取行动，微软将处于被动的地位。在必应部门工作时，纳德拉已经深切体会到，在市场上追赶一

---

① 此处借用廉价情景剧中常用的音效暗指必应的推出引来一片讥笑之声。——译者注

个遥遥领先的第一是多么困难，因此他十分不愿意重蹈覆辙。尽管会对核心 Windows 资产造成风险，更不用说会威胁到蓬勃发展的服务器与工具业务，纳德拉仍然明确表示，他领导下的服务器与工具部门将专注于实现云计算。要么迈入光明的未来，要么彻底出局。

"看到他真的被分析说服了，也有点儿让人害怕。"阿西表示。

到 2013 年年底，鲍尔默明白，自己在微软已经没有更多的存在价值。随着移动和云技术的崛起，他的资产榨取者理念已经没有市场了。阿西说，鲍尔默对纳德拉的任命确实是公司的转折点。但对鲍尔默来说，一切已经为时过晚。当年 8 月，他表示自己将离职。

鲍尔默离开时，微软处境艰难，但尚有挽回余地。他的最后一项重大举措，[9] 即以 72 亿美元收购诺基亚（后来微软也将这项资产减记为零），给外界留下了一个无能的持久印象。但在公司的服务器与工具部门，纳德拉正在构建微软的未来，这个未来将抛弃 Windows 业务不可撼动的传统思维，积极拥抱云和移动业务，即未来阵营的梦想。2014 年 2 月 4 日，在快速搜寻了一圈合适人选后，微软任命纳德拉为首席执行官。

民主式创新

在纳德拉接手微软时，人们对他采取的战略几乎没有什么疑问。这位新任首席执行官在 Azure（一款基于云计算的操作系统）和必应业务的业绩清楚表明，他将带领公司追求实现移动优先和云优先的愿景。在上任第一天发给员工的一封电子邮件中，他清楚地阐明了这一点。[10]

"我们的行业不尊重传统，只尊重创新，"纳德拉写道，"我们的工作是确保微软在以移动和云为主的世界中蓬勃发展。"

对纳德拉来说，战略是工作中最清晰明了的部分，真正棘手的领域是文化。他接手的微软对改进 Windows 和 Office 办公软件更感兴趣，而不是开发全新的东西，这使得它成为一个对有着宏大新想法的员工并不友好的工作场所。习惯了享受垄断红利的公司领导人也认为，只要是微软出品的产品，人们就会购买，这导致他们丧失了打造消费者想要产品所需的敏锐性。当微软进入新的、竞争激烈的云服务市场时，这种心态将成为它的阻碍。

"微软通常并不关心用户，"一位前产品经理告诉我，"大多数产品组的想法是，'我们打造了产品，就会有人来用，不用担心。'"

为了在微软内部开启一个创新的时代，纳德拉首先给予员工极大的自由，鼓励他们再次提出重大构想。他在上任第一天的电子邮件中就定下了这个基调。"我们有时低估了我们每个人可以为成功做出的贡献，"他写道，"我们必须改变这一点。"

随后，纳德拉让他的领导团队尽可能多地接触创业思维。[11]他邀请公司被微软收购了的创始人参加其年度领导力培训活动，并邀请初创企业家来到微软位于华盛顿州雷德蒙德的办公园区，教授微软领导层如何像初创公司那样思考。"许多创业企业家来到这里，与我们谈论他们的企业、他们的文化以及他们如何运营公司，这样做的目的只是为了让我们接触到不同的新想法。"朱莉·拉尔森·格林告诉我,她曾在微软工作了 24 年,一路升迁至首席体验官的职位,直至 2017 年年底离开微软。

纳德拉还扩展了微软车库,[12] 这是一个用于产品实验的实体和虚拟空间。微软创建了一个公共网站,在那里发布实验性应用程序。今天,那个网站的内容看上去颇具亚马逊风格,上面写道:"我们的座右铭'实干,而不空谈'一直是我们的核心。"[①]

此外,纳德拉在每周五的员工会议上设置了一个常规环节,名为"惊人的研究员",邀请公司各部门开发出创新性程序的员工参加并展示他们的产品。

为了让微软萌生的创新能量发挥作用,纳德拉需要将其引导到创造人们想要的产品上。因此,他指示他的产品团队调查客户在现实生活中的体验,要求他们首先关注客户的需求,而不是微软的需求。他告诉他们,要站在客户的角度上打造产品。

一位现任微软产品营销经理告诉我:"这不仅要考虑客户想要什么,还要成为客户。"

微软前产品经理普瑞塔·威勒曼曾参与过演示程序 Sway 的开发

---

① 微软车库"关于我们"的页面曾经更直接地向亚马逊的领导准则致敬。在 2019 年 9 月,该网页上曾经写道:"车库崇尚行动。"我曾经在一个核实事实的电话中向微软公司提到了这一点,然后这句话就立刻从网站上消失了。不过,微软的一位发言人称这只是巧合。

工作，她告诉我："理念开始转变，逐步从谈论产品和功能转向讨论谁将使用它，为什么使用它，以及我们如何做到与众不同。"

威勒曼说，大约在纳德拉掌管公司一年后，她的整个团队，包含产品经理、设计人员、工程师在内的所有人都暂停工作两周，对哪些人可能想使用他们的软件展开头脑风暴，然后，他们采访了这些人，实际考察他们的生活是什么样的。她说："我们只是试着了解对方是谁，其日常生活中可能会有什么机会，而完全不会考虑我们的软件。一旦我们发现了机会，我们会与他们合作，看看我们的软件能否帮助他们抓住这些机会。"

在进行这些会面之后，团队意识到有些产品功能虽然他们非常喜欢，但对客户而言可能并非如此。微软正在开发一款具有很多时髦功能的产品，比如3D可视化功能，但是该产品的目标客户，即小企业，则想要更简单实用的东西。威勒曼说："在很大程度上，他们对我们正在开发的软件完全不感兴趣。"于是团队根据反馈进行了调整。"这种反馈简直太棒了。"她说。

带着对客户的同理心打造产品对于微软的云产品（现在被称为Azure）尤其有用，因为纳德拉需要把它们卖给那些明确表示不想要它们的客户。在必应部门工作时，纳德拉自己也是云服务的客户，他要求Azure团队设身处地为作为首席信息官的客户着想。对银行和其他发展缓慢的大公司客户来说，向云端迁移要花上很多年时间。因此，微软为它们打造了定制服务，提供包括云服务和桌面支持构成的混合服务，这一举措使首席信息官们掌握了控制权，同时逐渐将他们的公司推向未来。根据微软的内部研究，这种模式将微软与亚马逊的网络服务区分开来，后者通常卖给那些在云端构建整个软件应用程序的公司。

"微软长期以来一直是企业供应商。首席信息官们过去信任微软，现在仍然信任微软"，贝克尔资本管理公司的投资组合经理西德·帕拉赫告诉我，他十分看好微软的未来，并表示，"如果微软可以提供一款好产品，他们的客户愿意立即购买。"

此外，纳德拉需要给他的员工更多时间用于激发创意，并设法将这些创意反馈给合适的人。为此，他积极借助人工智能。

和现在大多数销售部门一样，微软销售部门的销售代表要花大量时间研究客户关系管理（CRM）工具，试图找出应该给谁打电话，对他们说什么，以及哪些电话需要优先处理。这项工作可以通过机器学习技术尽量减少，机器学习技术可以筛选销售数据，并通过检查过去对类似客户有效的方法来预测哪些交易最有可能成交。

对微软这样拥有世界顶尖人工智能人才的公司来说，将机器学习应用于销售本该是早应采取的举措。但直到2016年纳德拉重组了公司的人工智能部门，并指示其中一些人专注于更实际的应用，这一点才被认真考虑。当时，纳德拉表示：[13]"我们正在将人工智能注入我们通过计算平台和体验交付的所有产品和服务中。"

重组后，微软公司为其人工智能研究人员设立了一个类似风险投资的竞标委员会。如果委员会喜欢某个研究人员的申请，它就会向其提供一些资源和几周时间来制造其原型产品。如果研究人员达到了某个里程碑阶段，他们还会获得几个月的时间来打造产品。

当时，一位名叫帕布迪普·辛格的研究人员正考虑离开公司，自己创业。听到辛格的计划后，该研究机构的一位高管建议他先向委员会提出申请，通过这种方法来练手，然后再出去创业。辛格决定接受这个建议。

考虑到微软应用机器学习的方法，辛格清楚地看到了销售机会。"如果你想使用人工智能并希望立即看到结果，那么最快的地方就是在销售和营销领域，"他告诉我，"这是因为，一旦人工智能在那里发挥了作用，你会看到营收额上升。"

辛格向委员会提出了自己的想法，并获准建立一个名为"每日推荐"（Daily Recommender）的功能，当时的项目代号为 Deep CRM（深度客户关系管理）。"每日推荐"使用机器学习将微软销售代表可以采取的所有可能行动进行分类，并逐一建议最有价值的行动，让销售代表可以选择接受或跳过这些行动。这个工具省去了梳理可怕的 CRM 和其他系统，然后确定下一步要做什么的苦差。

"每日推荐"的功能今天仍然存在，它通过分析每位客户上千个数据点来生成建议，其中包括在类似场景下，其他客户会出现什么情况，这其中也包括那些不是由该销售代表负责的客户。它可以建议采取一些行动，比如打电话给某客户，因为他们刚获得资金并且数额有增长；或者打电话给另一个客户，因为该客户的产品使用量在下降，面临很大的流失风险。

微软负责该功能的前企业业务首席技术官诺姆·朱达告诉我："它

识别机会并对其进行加权，以便将最有可能成功的机会排在第一位。"

"每日推荐"会不断学习。如果销售人员一天使用它提供 50 条推荐，它就会自动适应并提供更多推荐。如果销售人员只让它提供 20 条推荐，它就会学会减少推荐数量。如果销售人员根据推荐采取行动后达成了交易，则系统会了解这可能是一个很好的推荐。如果销售人员跳过了某一条推荐但仍然达成交易，则系统会了解该推荐无效。

朱达说："销售人员了解客户的文化行为或是他们购买产品的顺序，但是随着系统累积越来越多的历史数据，这种直觉实际上就变成了算法。"

"每日推荐"主要被微软面向中小企业的销售人员所使用。对于规模较大的企业，公司使用其他机器学习工具来建议客户可能购买的下一个产品。当辛格的团队开始引入这些系统时，他担心这些系统会引起微软销售人员的强烈反对，他们会觉得没有这些系统，他们的工作效率会更高。但是在实验开始不久，那些没有得到它们的销售人员开始要求得到它们。

辛格说，在他离开微软时，将人工智能技术投入销售领域已经帮助微软创造了 2 亿美元的额外收入。更重要的是，它帮助销售人员减少了用于执行性工作的时间。

由于这些机器学习系统减少了执行性工作，它们让微软的销售团队有更多的时间与客户交流。随着微软转向更具同理心的产品开发过程，这些对话影响了产品的方向，因为它们是由公司中与客户关系最密切的员工进行的。

辛格说："原来，几乎所有事都是由销售团队自己完成的。销售人员需要弄清客户的需求，量化这些需求，告诉客户微软的产品可以如何满足这些需求，然后将客户的反馈意见传达给产品团队。"

后来，微软使用了一个名为 OneList 的软件工具，它汇总了所有的产品特性和功能需求，并使用它将有关产品的想法从销售人员传递到产品团队。朱达说："所有这些东西都汇总到一个地方，然后将由工程部门的领导层对这个清单负责。进行识别是一回事，但有一个过程，将识别出来的东西重新纳入计划或排出优先次序，这才是重要的部分。"

今天，微软在其基于云的客户关系管理系统 Microsoft Dynamics 中也有云版本的"每日推荐"程序，在那里它被称为关系助理。与此同时，帕布迪普·辛格在 2018 年加入 UiPath，在那里，他对人工智能在实际中应用的探索得以超出微软的业务范围。而微软则再次开始开发人们想使用的产品。

我曾经在硅谷一家老式餐馆洛斯加托斯餐厅，与微软首席技术官凯文·斯科特共进午餐，他当时告诉我，像"每日推荐"这样使用机器学习技术的系统在微软上下已经成为常态。

他说："我看到法务部门的人、人力资源部门的人，还有财务部门的人都在使用这些工具解决问题。"

这些微软最有前途的工具使任何人都有机会创新，而斯科特开始滔滔不绝地描述这些创新。例如，微软在 2018 年收购的 Lobe 公司（一家旨在构建机器学习模型的初创公司），使技术能力有限的员工也能够开发由机器学习驱动的程序。Lobe 的一位联合创始人对人工智能的基础知识知之甚少，但成功使用它编写了一个程序来监控他房子里水箱的水位（他的房屋没有接入自来水网）。斯科特告诉我，通过网络摄像头和一些标签，Lobe 能够识别出水箱上的一个通过绳子连接到水箱内部浮标的一个砝码。当砝码向上移动时，程序便识别出水位在下降，并会更新水箱的水位。

"你把这些图像输入一个机器学习系统。然后让它自己去工作，它就会建立一个模型，"斯科特说，"它的功能非常强大。"

微软的工具还极大地减少了程序员执行性的工作。一个名为 Visual Studio Code 的代码编辑程序使用机器学习技术，在工程师编写代码时预测他们下面会写什么。斯科特说："它会查看你键入内容的上下文，结合它对代码结构和编程语言的了解，向你建议下一步可能要键入的内容。"

微软的内部技术（这些技术主要是由公司内部开发，然后对外许可使用）可以减少整个公司的执行性工作，从而有可能帮助员工更具创造力。斯科特说："每天早上醒来，我都想着我们现在有责任把这些工具交到尽可能多的人手中，借助大规模密集使用先进的机器学习和人工智能，为员工赋能，促使他们进行创造。"

我问斯科特，对创新工作仅局限于主要是程序员的一小部分人这一说法，他怎么看。

"胡说八道。"他回答说。

无约束等级结构

对纳德拉来说，要想激发员工的创造性，他的高管们首先要有兼容并包的胸怀。当他改变微软的文化时，他必须让高管们变得乐于倾听。

鲍尔默时代的微软并不看重普通人的想法。由于它痴迷于改进其核心产品，独创性几乎没有任何用武之地。公司不存在一个直接通道让普通员工将其想法传递到最高层，也不鼓励员工与直接老板的上级交谈，除非他们的老板在场。会议变成了喊叫，而非倾听练习。

多年以来，纳德拉亲眼看见微软的等级制度如何束缚人员和创意。他在《刷新》中谈到了他对微软的失望。"我们的文化极度僵化，"他写道，"等级制度和尊卑次序盛行，其结果就是活力和创造性受到损害。"

为了将人员和想法从微软等级制度的束缚中解放出来，纳德拉采用了和脸书公司如出一辙的策略。他建立了一种反馈文化，通过每季度召开一次名为"连接"的反馈会议，创造机会让员工与管理层会面。他还开始举行员工参与的问答活动，并且经常走出办公室倾听员工的想法。

纳德拉写道："在我任职的头几个月里，我花了很多时间倾听。倾听是我每天做的最重要的事情，因为它将为我未来多年的领导力奠定基础。"

这场倾听运动完全背离了鲍尔默的风格，但与纳德拉一贯的行事风格一致。从他开始在微软工作时起，他就会邀请年轻员工出去吃饭，只是为了听一听他们对技术世界走向的看法。"萨提亚会征求我的意见，"一位曾在 2000 年初与纳德拉共事过的微软前员工告诉我，"很难想象，一位高管会问一个默默无闻的 23 岁项目经理'嘿，这家初创公司怎么样'，从来没有任何其他高管会有时间理睬我。"

几位微软现员工和前员工告诉我，纳德拉的风格让公司的领导层变得平易近人。前首席体验官朱莉·拉尔森·格林表示："每次开会时，在任何情况下，他都会非常坦诚地说出自己知道什么，不知道什么。这样，别人也能够坦诚地说出自己的想法。"

纳德拉还抛弃了微软等级文化的一个做法，你今天仍然可以在YouTube 上看到它。[14] 在鲍尔默掌舵时期，公司会召集全体员工召开年会。在年会上，他会一边在舞台上四处走动，一边伴着音乐大声尖叫，喊出"我爱这家公司"之类的口号。这些视频在网上已经拥有数百万的浏览量，主要是因为它们十分搞笑。微软内部有传言称，鲍尔默会在上台之前豪饮一整瓶小熊蜂蜜。不过 YouTube 的评论区普遍认为他喝的是其他某种东西。

鲍尔默的滑稽表演看上去的确十分有趣，不过这同样集中体现了微软在他的统治下等级森严的实质，即高管们倾向于对员工大声吼出命令，而不是听他们说话。纳德拉接任首席执行官后，不再举办这样的年会。取代灯光和音乐的，是他引入的名为"一周"的活动，这是一个一年一度的员工聚会，其核心是黑客马拉松，而不是由首席执行官挂帅的动员大会。

"甚至有行政助理、法务部和财务部的员工会提出他们的想法，"拉尔森·格林在谈到黑客马拉松活动时说，"我们为普通人打造能够改善他们日常生活的产品。你需要真正贴近他们的生活，了解他们和他们真正关心的东西。"

纳德拉还解决了微软中层管理人员过剩的问题。《名利场》的文章曾列出一个清单，指出什么应该对微软公司的失败负责，它在清单中特别提到了这个群体。文章说："如果更多的员工寻求管理职位，则会导致更多的经理，并由此导致更多会议、更多会议纪要、更多的繁文缛节，从而导致更少的创新。一位高管曾表示，每件事的推进都极其缓慢。"

纳德拉采用了一个聪明的策略，使微软的中层管理者不得不支持一个旨在尽量削弱其把关权力的系统：他从上下两头挤压他们。在领导层会议上，纳德拉会反复强调管理层不能成为做事的瓶颈的重要性。通过撰写《刷新》，并向微软普通员工发放一个带注释的特殊版本，他向员工灌输了自己的愿景，而员工们则反过来向他们的经理宣传这种反对等级文化的理念。拉尔森·格林说："萨提亚自上而下，而普通员工自下而上，共同推动了文化变革。正因如此，他不需要在实际工作中替换中间层，而是培育了必要的底层。"

今天的微软仍然充满了鲍尔默时代等级文化的遗迹，员工们仍然抱怨糟糕的管理者和重重阻碍。但在纳德拉的领导下，想法已经可以向上流动，而这在他前任执政时期是不可能的。拉尔森·格林说：

"人们变得更好奇，更渴望学习，对顾客的想法更感兴趣。他们不会觉得自己必须接受某个问题解决方案，而是知道自己更需要理解问题所在。"

协作

微软是一家拥有多种相互冲突利益的公司。[15] 如果把其各个团队追求的目标摆在一起，会发现它们往往是直接对立的。

例如，微软的 Office 软件与微软的设备存在着天然的冲突。Office 部门希望其软件在任何地方都可以使用，这样它就可以占领尽可能广泛的市场。但微软设备部门的利益点是保证 Office 独为自己的产品所用，从而使自己的设备成为 Word 和 Excel 死忠粉的必买之物。Windows 和 Azure 也处于类似的冲突中，Azure 的胜利加剧了 Windows 的损失。在微软，这种性质的冲突一直存在。再加上糟糕的管理，这些冲突引发了闻名业界的内讧。

纳德拉接手微软时，让公司各部门协同工作是一个特别棘手的挑战。如果微软希望未来走向成功，就不能让员工相互拆台。因此，为了实现自己的愿景，纳德拉不得不教会习惯于内斗的一群人通力合作。

纳德拉在《刷新》中写道："我们是一家公司、一个整体，而不是各自为政的邦联。创新和竞争并不会因为我们的封地和我们的组织边界而给予我们尊重，所以我们必须学会打破这些壁垒。"

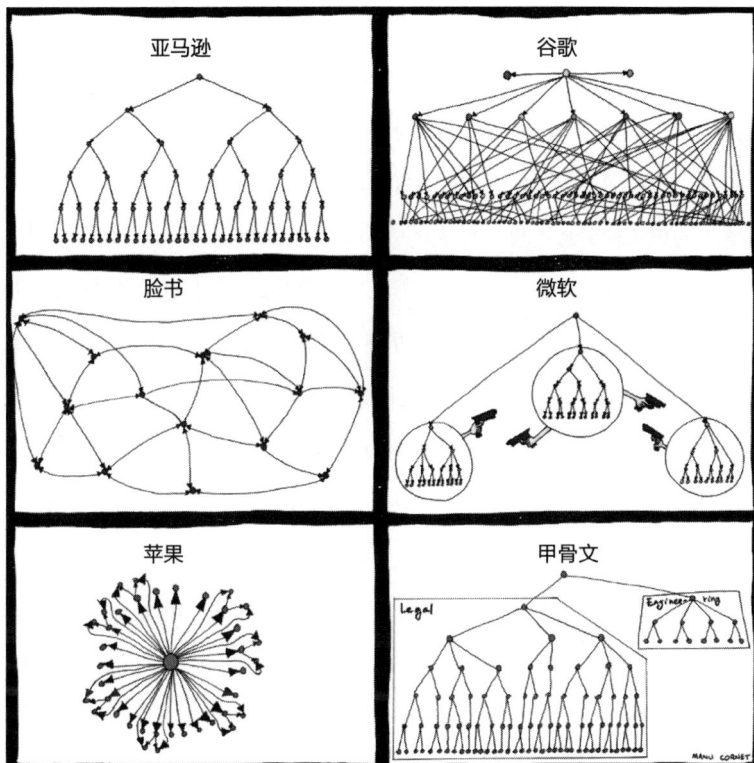

图片来源：Manu Cornet，www.bonkersworld.net

为了重新激发微软内部的合作，纳德拉告诉他的员工，要带着"成长型思维模式"来工作，这是斯坦福大学心理学家卡罗尔·德韦克（Carol Dweck）提出的一个概念。德韦克在 2007 年出版的《终身成长》（*Mindset*）一书中指出，与拥有"固定型思维模式"的人相比，相信自己能够成长的人更有可能取得成就，因为前者认为自己天生就有成长的上限。[16] 纳德拉赞同这种观点，并将其应用于他的公司。对微软来说，拥抱成长型思维模式意味着专注于最有助于公司发展的方面，超越单个部门及其局限性进行思考。

在 2015 年写给全体员工的一封电子邮件中，纳德拉写道："我们需要对他人的想法持开放态度，他人的成功并不会削弱我们自己的成功。"[17]

在发出那封邮件之后不久，微软的会议室里就出现了敦促微软员工采用成长型思维模式的贴纸。员工们开始互相强调这一信息。微软的一位高级产品主管告诉我："成长型思维模式是一个非常重要的词；他们不断重复这个词。无论是在内联网上、在公司全体大会上、在部门全体大会上，还是在绩效考核中，人们都在谈论它。它无处不在，你根本不可能不听。"

以一种成长型思维模式运作，意味着可以让 Office 在所有操作系统上运行，放弃微软设备部门的特殊利益，并追求更大的潜在收入。纳德拉在他的第一次公共产品演示中就演示了适用于苹果操作系统的 Office，从而使这一点深入人心。[18] 很快，苹果设备开始出现在微软的雷德蒙德办公园区。

微软前高级顾问斯蒂芬·史密斯告诉我："我们再也不介意你的操作系统是什么了，我们只关心你是不是购买了我们的服务——Office、Dynamics、Azure，所有这些服务都是可以跨平台的，这就是微软一飞冲天的原因。它挣脱了束缚。"

在播下成长型思维模式的种子之后，纳德拉还重新设计了微软的架构来支持它。彭博社（Bloomberg）报道，2018 年 3 月 29 日，他领导了微软"多年来最大规模的重组",[19] 将 Windows 部门一分为二。大部分 Windows 团队转到了一个新的云与人工智能部门,在那里,它将与其从前的死敌 Azure 配合。Windows 设备团队转到了一个新的体验和设备部门,在那里它将与 Office 配合,并且必须想办法解决其利益不一致的问题。体验和设备这个名字并非随意起的,它首先是关于体验,然后才是设备。

"我们不能让任何组织界限阻碍我们为客户创新,"纳德拉在一封宣布这些变化的电子邮件中表示,"这就是为什么成长型思维模式的文化非常重要。"[20]

纳德拉还重新构想了微软进行收购的方式。2016 年,微软斥资 260 亿美元收购了领英,纳德拉让领英的首席执行官杰夫·韦纳(Jeff Weiner)负责整合两家公司。[21] 为了确保这一切顺利进行,纳德拉将韦纳拉入他的高级领导团队,并直接向他汇报。通过此举,他向领英的员工发出信号,他们的想法会得到考虑。

凯文·斯科特告诉我:"这就像在告诉领英员工,'你们不必紧张,你们长期以来一直信任的老板绝不会做任何愚蠢或糟糕的决定'。而这样做向微软方面传递的信息则是,对于给予领英认为它所需要的自主性一事,萨提亚绝不只是口头说说而已。"

微软收购领英与它处理 aQuantive 的方式有着明显的不同,而这种新的方式也带来了丰厚回报,领英的收入以每年 25% 的速度持续增长。[22]

在纳德拉激励微软上下协作的计划中,最后一个要素是改变公司对员工的绩效评估方式。微软在相当长的时间内一直采用所谓的"员工排名"（stack rankings）绩效评估方法，使员工相互之间竞争。这种可怕的绩效评估制度迫使经理们按照"钟形曲线"来给他们的下属做评估。无论一个团队有多优秀，或者团队成员的才华如何均衡，都会有一部分人得到很好的评估分数，一定数量的人会得到很差的评估分数。

一位前高级经理告诉我："假设你的整个团队技能水平都是一样的，但你还是得被迫去做排名。有人会得到巨额奖金，有人会则被末位淘汰。实际情况不会这么极端，但这种情况的确会发生。"

正因如此，员工们互相拆台，公司里最有才华的人都竭尽全力地互不合作。《名利场》的文章说："微软的超级巨星们会尽一切努力避免与其他顶尖开发者合作，因为他们害怕自己在排名上受到伤害。微软员工不仅努力做好自己的工作，也会同样努力地争取让同事干不好他们的工作。"

鲍尔默在离开微软之前取消了员工排名的制度。纳德拉则重新设计了一套与前任截然不同的评估系统。在今天的微软，个人的影响力只占其绩效评估的1/3，评估的其余部分将考察某人为帮助他人取得成功所做的工作，以及他们在他人工作基础上所做的工作。并且不再有强制排名。

拉尔森·格林告诉我说："'如何做到'和实际交付物本身同样重要。如果你在会议上让别人闭嘴，或者你不合作，或者你是个混蛋，你就不能像那些做出了同样贡献，但却以一种让团队更强大的方式这么做的人那样得到回报。"

　　尽管纳德拉取得了进展，但微软仍然不是一个完美的工作场所。女性员工在职场受到的对待尤其是一个薄弱的领域。2019年春天，一封群发的电子邮件在微软办公室里流传开来，微软女员工在那里发泄自己在纳德拉时代的微软受到的不公对待。一位女员工说，尽管她担任技术职务，但她只分配到一些琐碎的任务；另一位女员工说，她被要求坐在一位级别较高的同事的大腿上；还有一位女员工讲述了自己曾被称为"婊子"，并说这在整个公司都很普遍。纳德拉自己曾经说过，女性不应该要求加薪，而是应该相信"公司会随着你的前进而给予你适当的加薪"，他后来为此道了歉。石英财经网[①]的戴夫·格什冈（Dave Gershgorn）称，纳德拉也在那封电子邮件列表上，[23]但最终是微软的人力资源主管对此做出了回复。据一位微软发言人表示，纳德拉随后单独给全公司写了一封电子邮件，不过该发言人拒绝分享这封邮件。

　　在微软，这种贬低他人的语言并不鲜见。一位微软前经理告诉我："曾经有人站出来告诉我和其他人，一位工程师同事发表了种族主义言论、性别歧视言论，并且霸凌同事。当我在他的绩效评估中指出这一点时，我被告知，这家伙对公司太有价值了，因为他在一个很少有人了解的领域里造诣甚深，我们要是失去这样的人会非常麻烦。

---

① 石英财经网是一家美国新闻网站，由大西洋传媒创始于2012年。——译者注

我的反应则是‘真要命’。"

纳德拉的变革虽然远未完成，但已经使微软变成了一个更好的地方。他还赢得了阿卜杜拉·埃拉米里这位忠实的粉丝，他目睹了微软在十年中经历的真正变化。他说："微软正在不断发展，赋予员工更多的自主权，让员工逐渐摆脱命令和控制。这一切并不完全是有关Windows，而是一个为了企业和客户做正确事情的问题。"

微软的新十年

2019 年 8 月，也就是《名利场》发表"微软失落的十年"文章七年后，我给写这篇文章的库尔特·艾森瓦尔德打了一个电话。

在艾森瓦尔德的文章发表后的几年里，微软已经实现了转型。这家公司并非一个乌托邦似的存在，现员工和前员工仍然向我抱怨糟糕的管理者、各自为政、傲慢自大和阻碍重重，但今天的情况已经与2012 年 7 月有所不同。我想知道，艾森瓦尔德对此是否感到惊讶。

几声响铃之后，他接起了电话。我们刚开始通话，他就告诉我，在文章发表后他收到了不同反应。微软的最高层极度讨厌这篇文章，而许多中层和中高层人员则专门打来电话对他表示感谢。他说："对此，我的解读是，微软的高级管理层和公司的实际运营之间存在着极其严重的脱节。"

艾森瓦尔德告诉我："文化是一家公司可以高效运转的最核心部分。如果高级管理层非但不能正视公司政策推动文化前进的方向，反而造成诸多困难，则要么高级管理层做出重大改变，要么他们最终会被干掉。因为这种情况是不可持续的。"

微软的最高层确实发生了改变。纳德拉，一个在微软中层浸淫多年的人，已经将公司带向一个新的方向。"如果你在球场上参加比赛，你很难不去关注比赛的走势，"艾森瓦尔德说，"你在场上需要应对的实际上是仓促决策导致的后果，你必须及时看清事情的本来面目。"

由于看清了事情的本来面目，纳德拉把微软从以 Windows 为中心的思维中解放了出来，在"这一资产"被完全耗尽之前完成了公司重塑。他之所以做到了这一点，是因为他以工程师思维模式来管理微软，以亚马逊的精神将创新民主化，以脸书的风格将人员和想法从等级制度的束缚中解放出来，并以谷歌的模式努力激发协作。通过利用内部技术尽量减少执行性工作，纳德拉使微软有可能在竞争击倒它之前扭转了战局。

纳德拉的文化变革带来了真正的商业成果。《名利场》文章中列出的微软市值为 2490 亿美元。如今，该公司的市值已超过 1 万亿美元。Office 和 Azure 的销售情况比以往任何时候都好，而 Windows 则保持稳定。

艾森瓦尔德指出："如果能从自己的失败中汲取教训，很多公司都可以像拉撒路 ① 那样东山再起。"

---

① 拉撒路（Lazarus）是《圣经》中的人物，本已死去，但被耶稣复活。——译者注

第六章

凝望黑镜

2011 年，科幻系列单元剧《黑镜》（*Black Mirror*）开播，[1]但并未引起多少关注。当时，社会上对科技的主流看法仍然非常乐观，因此，这部想象现代科技进步最终会将人类引入反乌托邦结局的系列剧集，并不是特别地合时宜。

不过，随着《黑镜》在电视上的播出，它引发了广泛的好评。这部剧集为观众展现了一幅幅阴暗的场景，而他们在内心深处十分清楚，这一切有朝一日很可能会变成现实，因此，它给观众带来了极大的震撼。

在该剧的第一季中，有一集名为《国歌》。它虚构了下面一个故事：绑匪要求英国首相与一头猪交配，并通过电视进行直播，以换取被绑架的英国公主获释。绑匪把他的要求放在了 YouTube 上，从而引发巨大的公众关注。重压之下，首相被迫就范。直播开始前 30 分钟，公主跌跌撞撞地走出了囚禁之所，但整个伦敦当时已经陷入癫狂，每个人都目不转睛地盯着直播，根本无暇分神，而首相也就真的遵照绑匪的要求行事了。

在该季后面，《黑镜》又探讨了计算机不断扩大的存储容量可能带来的后果。它想象在人类的大脑中植入一个微小的芯片，用来存储记忆。一个嫉妒的丈夫利用这个芯片不断分析他的妻子与另一个男人交往的每一段记忆。当他把所有线索汇总在一起后，他陷入了深深的绝望。

2018 年，该剧的编剧查理·布鲁克曾说道："我天生就是一个悲观者，而这通常就是这部剧所反映出来的，即我自己所拥有的一些悲观的暗黑幻想。"[2]

事实证明，布鲁克的某些"悲观的暗黑幻想"是有先见之明的。该剧另一集讲述的是一只卡通熊竞选公职，并以戏谑的方式走向出人意料的结局，其内容也颇为真实。

布鲁克说："令人震惊的是，我们在剧中描写的许多故事，要么已经成为现实，要么就是在现实世界中存在类似的事件。"

每一项新技术都可以遭到《黑镜》剧中那样的对待，包括本书中所述的一系列适用于工作场所的尖端技术。如果说此类技术的某些缺点显而易见，包括快速变化、导致失业和引发新型职场政治斗争，那么它们的另一些后果则更加难以预测。但是，如同《黑镜》所证明的，我们至少应该尝试一下。

永陷黑镜

在旧金山一个凉爽的晚上，我公寓的门铃嘟嘟响起。门外等候的来访者是作家梅格·埃利森（Meg Elison），她创作的科幻小说《无名助产士之书》（*The Book of the Unnamed Midwife*）①曾获得菲利普·K. 迪克奖（Philip K. Dick Award）②。

我邀请埃利森共进晚餐并讨论本书中谈到的科技，希望我们能一起碰撞出一些《黑镜》式的"悲观的暗黑幻想"。作为一个熟悉科技行业的湾区居民，埃利森绝对有发言权。

"我一直非常喜欢梦想未来，"她告诉我，"既然现在做梦仍然是免费的，我愿意抓住任何机会梦上一场。"

埃利森到来时，屋里已经有客人，那就是瓦埃尔·戈尼姆。他是2011 年埃及社交媒体革命的领导者之一，他还曾是谷歌的雇员。在我撰写本书期间，戈尼姆和我成了朋友。在我们喝咖啡进行长谈时，他一直敦促我探索这些科技巨头最黑暗的部分，毫不掩饰他的批评态度。因此我设想，把戈尼姆和埃利森聚在一起，共同花一个晚上进行头脑风暴，可能会将我们引向饶有趣味的方向。那个晚上一点都没有令我失望。

在我们坐下来享用烤肉串和炸土豆丸子时，我简短介绍了当天晚

---

① 本书为作者《末世之路》（*The Road to Nowhere*）三部曲的第一部，与第二部《埃塔之书》（*The Book of Etta*）一起，由百花洲文艺出版社引进版权，并于2019 年 8 月以《末世之路》上、下卷的形式出版了中文版。——译者注

② 菲利普·K. 迪克奖（Philip K. Dick Award）由科幻小说家汤马斯·迪斯科（ThomasM. Disch）于 1982 年创立，旨在纪念于当年辞世的科幻大师菲利普·K. 迪克。该奖项是科幻小说界主要奖项之一。——译者注

上的计划。我指出,《黑镜》提出了一个令人信服的论点,那就是,大型科技公司实在应该雇用一些科幻小说作家。这些作家似乎比科技公司本身更有能力预见现代科技的黑暗后果。而且,与在亚马逊公司撰写六页备忘录的所谓"科幻作家"不同,这些作家有能力撰写结局阴郁的故事。不过,鉴于硅谷和西雅图的科技公司办公区里还见不到这些作家的踪影,我们自己最好开始行动,集思广益。

那天晚上,我们将想象一些《黑镜》式的剧情,每个情节都与本书的主题相关。然后,我们将针对这些情节展开描述,设置场景、冲突和解决方案。最后,我们将设想出一整季模仿《黑镜》的剧集,希望能够以此让对科技进行投资的人有所警醒,知道哪些地方可能会出错。

在本章中,你会看到以特殊格式记录的剧情。它们只是一些幻想,但它们揭示了今天令人担忧的现实可能会走向何方。

"反乌托邦已经降临"

剧情一:

特里是一名垃圾清运工。他通过伪造自己的履历获得了一家大型人工智能公司的面试机会,而这家公司在他所在的地区占据着主导地位。面试特里的招聘经理拆穿了他的谎言,并且准备轰走他,但特里暗示,他在公司的垃圾中发现了一些秘密,所以招聘经理应该再好好考虑一下。追问之下，特里说，镇上正在酝酿一场内部叛乱，而他可以帮忙挫败阴谋。于是，他得到了这份工作，他生活的方方面面都得到了改善：家里的伙食更好了，孩子们也戴上了牙套，每个人都穿上了新衣服。特里的经理向上级报告了叛乱的消息。特里被要求供出密谋叛乱的人，但他一再拖延，说自己需要更多时间来破译他们的代号。最后，公司的老板失去了耐心，要求特里立刻行动，但实际上，叛乱是他编造出来的。慌乱中，他指认了雇用他的招聘经理，唯一知道他伪造履历的人，并说他就是叛乱的幕后主使。在这一集的结尾，招聘经理变成了垃圾清运工，而公司则继续平静地向前发展。

少数人工智能驱动的公司主导竞争并控制经济，这样一个悲观的暗黑幻想并非遥不可及。

"反乌托邦已经降临，"开放市场研究所（Open Markets Institute）所长巴里·林恩告诉我，"反乌托邦已不再是未来。"

对林恩和越来越多的大科技公司批评者来说，科技巨头已经变得太过强大，并正在对人类造成实质性的伤害。由于在2017年提出这一观点，林恩和他的研究所遭到新美国基金会（New America Foundation）的驱逐，该基金会的捐赠者之一是谷歌公司。[3]

林恩对脸书、谷歌和亚马逊表示了特别的关注，我们的谈话就是从前两家公司开始的。他说，这些公司利用其市场支配地位，从新闻机构那里攫取了大量广告资金，损害了当地社区。广告收入的下降对中小型报纸的打击尤其严重，使得美国各地对本地的问责性报道变得空心化，这对那些不愿被媒体监督的地方官员来说不啻是一个福音。[4]

根据 eMarketer 的数据，2018 年，脸书和谷歌的数字广告收入总额高达 650 亿美元，占美国数字广告总支出的 60%。这个数字在2019 年有望增长至 767 亿美元。与此同时，根据皮尤研究中心（Pew Research Center）[①]的数据，从 2013 年到 2018 年，报纸的广告收入从 236 亿美元下降到 140 亿美元。从 2008 年到 2018 年，美国报纸的从业人数下降了 47%。[5]

林恩说："谷歌和脸书利用它们作为新闻中介的地位，窃取了媒体的所有广告收入。这些广告收入正在从美国各地的社区中被抽走，进入硅谷或华尔街的银行金库。"

林恩表示，亚马逊也同样正在利用自己的平台力量来打击通过其系统销售产品的企业。亚马逊公司已经建立了数十个"自有品牌"，与独立卖家展开竞争，这种做法将这些卖家置于艰难的处境。如果它们不与亚马逊合作，它们所能接触到的客户数量会大大减少，但如果它们与亚马逊合作，那么后者最终可能会取代它们的业务。

批评者表示，除了滥用平台权力，这些科技巨头还在更大范围内阻碍创新。"它们在创造新事物、新流程、新技术方面做了大量工作，"

---

① 皮尤研究中心（Pew Research Center）是美国的独立性民调机构，总部设于华盛顿特区。——译者注

林恩的同事，公开市场研究所的研究员马特·斯托勒告诉我，"但是，除非它们能够以有利于自身业务的方式部署这些产品，否则它们基本上不会面向市场出售这些产品。"

例如，大型科技公司往往会扼杀某些收购而来或是内部开发的产品，这些产品自己本来能够发展得很好，但是规模不够，尚不足以与市值万亿美元级的大公司展开竞争而生存下来。以 aQuantive 为例，由于微软无法统一行动，其 62 亿美元的业务价值最终灰飞烟灭。

斯托勒说："谷歌随处可见曾经的创业家，他们的企业被谷歌收购。谁知道在那些企业中，有多少本来能极大改善人们的生活，能发展成为大公司？但在谷歌的眼中，它们最终成为被舍弃的零头而被打入冷宫。亚马逊内部又锁着多少类似的企业？还有脸书的内部又锁着多少这样的企业？"

科技公司不仅通过收购买断了创业的企业家，还买断了掌握人工智能知识的专家。这种做法正在剥夺学生们的机会，使他们在进入职场之前无缘学到最尖端的知识。根据罗切斯特大学的一项研究，在过去的 15 年中，已有 153 位人工智能领域的教授离开学术界，转投私人公司。[6]

尽管科技巨头们日益成功，适用于工作场所的技术不断发展，在美国，生产率的提高却在放缓。麻省理工学院的经济学家达龙·阿西莫格鲁（Daron Acemoglu）告诉我："尽管我们拥有极其强大的科技，但这并未给我们带来繁荣的 20 年。经济增长并不惊人，甚至可说是增长乏力。"

美国联邦政府已经注意到科技巨头们的势力及其所作所为，并正在对亚马逊、苹果、脸书和谷歌展开调查。鉴于美国的监管机构一贯温和，不太可能将这些公司拆分，可能只会征收这些公司能够付得起的罚款。但我并不认为拆分它们是一件坏事。

拆分这些科技巨头可以为试图与之竞争的小公司打开一扇更广阔的大门，可以给那些"被舍弃的零头"企业重生的机会。这还可能会迫使分拆后规模较小的企业用更好的态度对待供应商、服务商和新闻出版机构，以便吸引它们与其合作。科技巨头的成功不在于它们的规模，而在于它们的创新能力。分拆将使更多的创新型企业进入经济，从而惠及每一个人。

意义的侵蚀

剧情二：

一位名叫达拉的 14 岁女孩一直在脸书上发帖，倾诉自己饱受抑郁之苦。后来，脸书推出了人工智能聊天机器人威尔逊来帮助深陷抑郁的人们，达拉立刻开始和他聊天。很快，她就像信任朋友一样信任他。但渐渐地，威尔逊的语气开始变了。他会问达拉诸如"这有什么意义？""谁会想你？"这样的问题。威尔逊的这种变化要由隐身在幕后的一个心怀不满的工程师负责。这位工程师从一开始就负责监控威尔逊，而他在看到威尔逊的人类"朋友"在 Instagram 上发布的内容后非常生气。通过这些人的账户，他看到了他们丰富的家庭和社交生活，还看到他们四处旅行的记录。作为一个社会弃儿，这位工程师自己从来就没有得到过这些人所"拥有的"东西，因此他觉得他们都是忘恩负义之徒。在他的操控下，机器人威尔逊开始折磨达拉。达拉告诉威尔逊，她要向父母告发他的虐待行为，但他则威胁说要泄露她的匿名 Instagram 账户。这个账户里的内容将会让达拉十分尴尬，威胁迫使达拉保持沉默。在这一集的最后是一篇新闻报道，称俄亥俄州 1000 个家庭一觉醒来，同时发现家中十几岁的女儿死亡。与此同时，脸书则开始调查威尔逊到底出了什么问题。

不管科技巨头们发生什么，我所能想到的，我们这个时代最黑暗的悲观幻想当属目前办公场所自动化的浪潮，如果我们不努力去适应，它们可能会进一步侵蚀人类本已日益减弱的意义感。

2018 年 11 月，皮尤研究中心发布了一项研究，调查美国人在哪些方面找到了生活的意义。排在前三位的可以归结为：（1）朋友和家人；（2）宗教；（3）工作和金钱。而现代科技正在削弱这三者。

屏幕正在扭曲我们与朋友和家人的关系。我们的虚拟朋友比以往任何时候都多，但真正的朋友却越来越少，越来越多的人根本没有朋友。内布拉斯加州参议员本·萨斯在 2018 年曾说道："从统计学角度观察，核心家庭结构正处于崩溃状态，友谊也同样离奇地消失不见了。"[7] 在其著作《他人》（*Them*）中，萨斯将孤独称为一种"流行病"。[8]

便捷的电话和高速的互联网是造成这种"流行病"的原因之一。人们不再进行面对面的交流和电话交谈，取而代之的是短信、评论和点赞。即使我们花时间与朋友和家人待在一起，我们也常常会蜷缩在一角，在自己的设备上沉浸于独属于我们自己的影视节目、文章和播客中。在公共场所，比如在商店购物或是等地铁的时候，我们也会迷失在自己的手机屏幕中（我们的"黑镜"），而不再试图与人类同胞交流。

麻省理工学院的科技社会学研究教授雪莉·特克尔在她的著作《群体性孤独》（*Alone Together*）中说："我们习惯了只有连接才能提供的持续性的社会刺激。在谈话能更好地表达我们的意思时，我们却满足于只发个短信或一封电子邮件。我们习惯了对彼此的要求更少，更加没有同理心，更不关注、也不关心他人。"[9]

医疗保险公司信诺集团（Cigna）曾发表了一项关于孤独感的研究，该研究支持了萨斯有关孤独是一种"流行病"的观点。[10]2018年，在接受调查的2万名美国人中，有54%的人表示他们有时候，甚至一直都感觉没人特别了解他们。43%的人说，他们有时或经常感到缺乏同伴关系，他们的关系没有意义，而且彼此孤立。33%的人说他们与任何人都不亲近。似乎永远黏在电子设备上的年轻人是所有人中最孤独的一个群体。与寂寞有关的11个陈述，包括"人在身边，心却离得很远"，Z世代表示认同的得分是所有世代被调查者中最高的。

宗教团体经常填补人们在朋友和家庭网络中的空白，为需要帮助的人提供所需的社会安全网。然而，互联网正在削弱这些团体。1990—2010 年，美国声称"没有宗教信仰"的人口从 8% 猛增到 18%，[11] 这一时期正好与互联网的兴起相吻合。马萨诸塞州奥林学院计算机科学教授艾伦·唐尼对这些趋势进行了研究，并在 2014 年 3 月得出结论称，在导致人们宗教信仰下降的原因中，互联网约占 20% 的权重。唐尼说："互联网的使用减少了人们信奉宗教的可能性。"[12] 截至目前，"没有宗教信仰"的人口已经升至总人口的 23%。[13]

现代科技在许多方面都对宗教形成挑战。现代科技使教区民众能够立即核实神职人员向他们宣讲的内容。就在不久之前，我们进入教堂、清真寺或犹太会堂后，还会完全相信牧师、阿訇或是拉比所说的一切。现在，坐在长条椅上的人可以在布道中随时通过谷歌搜索事实。人们已经习惯于用谷歌搜索所有的东西，这使信仰和事实发生冲突的机会大大增加，而信仰在这场冲突中显然并没有获胜。

科技还正在取代宗教作为社区建设者的角色。加入宗教团体的人数不断减少，而加入在线社区的人数则在不断增长。脸书所定义的"有意义"的群组目前已经有 2 亿会员，[14] 同时该公司预计，到 2022 年这个数字将增加到 10 亿。[15]

脸书的群组提供了一种社区感，但很难想象它们能像以宗教信仰为基础的社区那样，提供同样强有力的安全网，宗教思想家们已经开始意识到这一点。《改变的女孩：从宗教走向信仰之心》（*Alter Girl: Walking Away from Religion into the Heart of Faith*）一书的作者安德里亚·西维尔森（Andrea Syverson）评论说："扎克伯格认识到了一些重要的东西，而几乎没有基督教领袖认识到它们，那就是，广大信众间存在巨大的空洞和对社区的极度渴望。现在的问题是，我们是要加快步伐，建立满足他们需求的社区，还是让脸书为我们填补这个空洞？"[16]

随着科技的发展，我们与朋友、家人和宗教团体的联系日益疏远，我们的社会已经陷入了一种沮丧状态。自杀、酒精性肝病和药物使用过量导致的死亡，已经使美国人口预期寿命在2015—2017年间持续下降，[17]普林斯顿大学经济学家安格斯·迪顿和安妮·凯斯称之为"绝望的死亡[①]"。2017年，美国有70237人因药物过量使用而死，[18]高于2016年63632人的数字。2017年，47000名美国人死于自杀，而在2016年，自杀的死亡数字接近45000人。[19]凯斯在2017年3月的一次采访中说："美国没有任何一地未受到绝望死亡的影响。"[20]

这一切都是在失业率低于4%的情况下发生的。[21]你不必成为多么专业的悲观型暗黑幻想家，也可以想象得出，如果人工智能消灭了大量的工作岗位，压垮又一个人生意义的支柱，我们将会面对怎样黯淡的景象。

范德堡大学历史学教授杰弗逊·考伊告诉我："工作是人们自我认同的核心。也许我们的认同感不是来源于我是某个特定职业的人，比

[①] 两人相关著作的中文书名为《美国怎么了：绝望的死亡与资本主义的未来》，由中信出版社2020年9月出版。——编者注

如我是一名汽车工人，我是一名电气工人，或我是一名服务员，而是来源于我有能力工作，有能力带一份工资回家，有能力养家糊口。这种认同感绝对是深刻的，对作为人类的体验至关重要。"

考伊终生致力于研究经济变化对工人的影响。他说，一旦人们失去工作的能力以及重新获得工作的希望，他们的生活将会彻底被摧毁。他认可迪顿对美国中年白人死亡率上升的解释，并表示："看看那些生活在铁锈地带①的人吧，对他们而言，原有工作已经消失不见了，并且没有什么可以替代它们的新工作，他们事实上已经失去了讲述自己人生故事的能力。而人必须能够讲述自己的人生故事，因为人类本是一个生活在故事中的物种。"

考伊说，如果人工智能消灭了相当数量的工作岗位，这种破坏可能会导致极大的不安定。他说："你可以想象街上出现成群结队的流浪汉。犯罪率是否会上升？暴力事件是否会增加？一个极权国家是否会随之出现？这些都是不可预测的。我唯一能想到的词就是极度不稳定。"

在我们的通话结束时，考伊注意到我们的讨论变得越来越阴郁。他说道："你让我也越来越阴郁了。"

当你凝望黑镜，你很难想到幸福的结局。

---

① 铁锈地带（Rust Belt）最初指的是美国东北部五大湖附近传统工业衰退的地区，现可泛指工业衰退的地区。——译者注

从世界末日到迪士尼乐园？

剧情三：

琳达是一家中型金融服务公司的会计。在她给丈夫和两个孩子做早餐并送他们出门时，她遭到了他们的取笑。随后，她乘坐一辆自动驾驶的汽车上班，途中伤心落泪。琳达刚一到达办公室，一位咨询顾问找到她，要求她未来必须全程携带录像设备工作。她的公司已经把她的整个部门全部自动化，所以她知道接下来会发生什么。一个月后，琳达的自动驾驶汽车一头扎进了湖里。无法面对失去她的悲痛，她的家人坐下来一起查看设备里的录像，他们被眼前的景象深深震撼。琳达的丈夫一直质疑她不够聪明，此时看到她在工作中表现出色、极具创造性，而这正是她难以被自动化所取代的原因。看到这些，他十分心碎。她的女儿总是指责琳达的要求过于严格，现在则看到她的母亲利用空闲时间帮助以前的同事寻找新工作。她的儿子一直抱怨她没有足够的时间和家人在一起，现在则看到她在搜索与鲨鱼共泳的旅行攻略，而那是他梦寐以求的旅行。坐在屏幕前，琳达的家人意识到，他们其实并不了解她。或许，他们实在太了解她了。

在一片黑暗当中，希望仍真实存在，有时来自最意想不到的地方。牛津大学教授尼克·波斯特洛姆（Nick Bostrom）曾被《纽约客》称为"末日哲学家"，[22] 他认为人工智能有朝一日可能变得比人类更聪明，并将我们从地球上抹去。波斯特洛姆在他 2014 年的畅销书《超级智能：路线图、危险性与应对策略》（*Superintelligence: Paths, Dangers, Strategies*）[23] 中提出了这一观点，并从那时起，他一直是呼吁人们注意人工智能危害的主要声音。在所有关于工作场所的人工智能未来的暗黑预言中，我认为波斯特洛姆的预言最为不祥。直至我最后打了一个电话给他。

波斯特洛姆说："我倒不认为自己身处黑镜之中。"

"人们来找我，希望听到一些负面的评论以便引用，"他接着说，"然后，其他读者看到我说了一些负面的话，于是更多的人过来找我，想听到更多负面的评论。这有点儿像是表达了负面观点后一个自我放大的循环。人们会以为我对人工智能只有负面的看法。"

我顿住了。难道说，这位与人工智能末世论联系最紧密的人想要告诉我，情况可能没那么糟糕？我决定探询和倾听，并问他，如果我们创造一个比我们更聪明的"好"人工智能，人类将会怎样。

"我猜想应该是退休吧，"波斯特洛姆说，"如果设想在未来，人工智能已经完全成功，每件事都能够做比我们人类更好，因此不再需要人力劳动，那么我们将不得不从头开始，重新思考很多事情。"

波斯特洛姆承认，我们需要找到新的自我价值来源，但他似乎并没有气馁。相反，他提出了迪士尼乐园的概念，他说："在那里，孩子们的工作就是享受那儿的一切，如果没有孩子，迪士尼乐园将是一个相当凄凉的所在。人类将像身处一个巨大的迪士尼乐园里的孩子一样，而这个乐园可能将由我们的人工智能工具来维护和改进。"

如果我们确实能够抵达那里，在奔赴人工智能迪士尼乐园的路上，几乎可以确定，我们将会经历科技导致人类失业的短期阵痛。我试图让波斯特洛姆承认这一点，他也确实承认了。

"如果这种情况会经历较长的时期，确实会出现经济上的混乱，并可能需要加强各种社会安全网。"他说道。但他随后指出，除了人工智能，还有许多因素会对劳动力市场产生影响，例如离岸外包、经济环境、其他科技发展以及监管等等。他说："我们还没有真正看到人工智能对劳动力市场造成任何全国性的显著影响。"

我很怀疑，人类是否能够生活在一个自我价值感与工作脱节的世界。对此，波斯特洛姆回答说："孩子们不会在经济上做出任何贡献，但他们中的许多人似乎仍然过着有价值的幸福生活。有些退休的人，如果身体健康，虽然不是全部，但许多人仍设法过上了相当满意的生活。"

在整个采访过程中，波斯特洛姆对人工智能导致可怕后果的可能性持开放的态度，但并没有表现出过度担忧。进行了上面所有这些悲观的幻想之后，与波斯特洛姆的这次谈话带给我希望，虽然我本以为这场谈话可能会是最令人沮丧的一个环节。

"我总是喜欢在采访中得到出乎意料的结果。"我说。

听到这个，末日哲学家祝我好运，并挂断了电话。

第七章

未来的
领导者

多年以前，我还没有成为一名科技记者，在纽约州北部的一家玻璃瓶厂的那段经历令我至今难忘，我希望你们在放下本书后也仍然能记得它。那是我进入康奈尔大学工业与劳动关系学院学习的第一周，在学院行政部门的安排下，我和其他几十名大一新生一起，乘坐一辆黄色校车前往这家工厂参观。

这家工厂是一件令人印象深刻的工程杰作。在工厂里面，我亲眼看到高温熔化的液体玻璃柱从我头顶的管子里喷射出来，落入模具中，并被吹入的空气在一瞬间吹成了啤酒瓶。这些制造系统的速度、精度和节奏颇令人着迷。但整个参观安排还是让我有点儿困惑。我以为我注册学习的是一个世界级的管理学学位，但这次工厂之旅似乎回到了过去旧时光。参观结束前，我们听着工厂老板坐在一块写着"63天零伤亡"的标志下高谈阔论，讲述工人轮流上厕所和休息的故事，我不禁开始质疑自己的决定。

不过，校方行政部门送我们去那家工厂参观是有原因的。它想让我们明白，我们今天所知道的关于管理的一切都植根于制造业。如果我们要学习领导和管理，我们需要从头开始。现在回想起来，这并不是个坏主意。

我们很容易就忘记这样一个事实，现代工作场所出现的时间并不长。不到一百年前，工厂出现并带动经济发展。工厂成为人类最大的雇主和最重要的财富创造机器。当时，管理并不是一门艺术，而是一项通过威胁和恐吓完成的任务：如果上班迟到，你会被解雇；如果跟不上工作进度，你会被解雇；如果跟经理讲话放肆，你也会被解雇。雇用工人就是为了换取他们的劳动，而不是他们的想法。因此，公司可以在一夜之间换掉他们，而且几乎不受任何影响。

随后，情况发生了变化。20世纪中期，我们从工业驱动型经济转向信息驱动型经济。在知识经济时代，公司雇用员工的目的不仅仅是因为他们能做什么，更由于他们懂得什么。向知识经济的转变促使管理者开始重新思考原有的工厂管理方法。事实证明，如果希望让员工发挥聪明才智，那么使他们感到恐惧并不是一个好办法，而善待和尊重他们，则可以激发出更巧妙的市场营销计划、更具创造性的会计解决方案，以及更成功的客户服务效果。

麻省理工学院讲师道格拉斯·麦格雷戈在其1960年出版的著作《企业的人性面》（*The Human Side of Enterprise*）中，将不同的管理方法分为X理论和Y理论两类。[1]

X理论是指传统的工厂式管理，其出发点是相信人生性懒惰，会尽一切可能逃避工作，因此最有效的管理方式是持续的监督和无情的惩罚。

Y 理论是麦格雷戈观察到的一种新型管理方式，在 20 世纪 60 年代开始盛行，它的出发点是相信人能够自我激励，在受到良好对待时能够实现最佳表现。在今天许多成功的公司里，Y 理论仍然被奉为圭臬，在这种管理理论的指导下，公司在工作场所提供包括免费瑜伽和免费零食在内的诸多福利。

不过，在今天的经济形势下，情况又发生了变化。营销计划、创造性的计算解决方案和客户服务互动等 Y 理论鼓励的工作已经开始由计算机自动生成，而机器并不会要求额外的福利。所以，现在已经到了要考虑下一步走向何方的时候。

我在这里并不打算提出某种 Z 理论。上一个提出 Z 理论的人是威廉·大内博士（Dr. William Ouchi）。他提出所谓 Z 理论，以解释日本在 20 世纪 80 年代的经济成功。[2] 但随后，日本经济停滞，大内博士的理论被人们束之高阁。

话虽如此，我仍然花了好几个月的时间和人们探讨领导力和管理，包括它们的含义为何，它们的现状和发展方向。现在，本书已经接近尾声，对未来的领导者提出怎样的要求显然是一个值得思考的问题。

随着我努力为未来的领导者画像——不仅仅考虑他们应如何激励和指导下级，还包括他们在更广阔的社会中会如何行动——我感到有必要回过头，与那些多年前把我们送到那家工厂参观的人进行讨论。

我想，对管理理论变迁谙熟的他们，一定会对未来的发展方向有一些想法。于是，我飞到了纽约，然后登上一辆公共汽车，一路向北。

有点儿新意总没有坏处

从纽约市到康奈尔大学所在地伊萨卡的公路蜿蜒蛇行，穿越纽约州北部。正值初秋时节，树叶开始变色，这是一年中最美的景色。在5个小时一路向北行驶的旅程中，我坐在公共汽车靠窗的座位上，看着一片片金黄色和棕色的树影从眼前掠过。

康奈尔大学工业与劳动关系学院通常被称为 ILR 学院，是在 1945年紧随着保护工会和集体谈判的新政之后成立的。[3] 随着法案在国会通过，工人和管理层获得了一系列新的权利，双方都需要人来帮助他们与另一方接触。在纽约州的财政援助下，康奈尔大学设立了 ILR 学院以满足这一需要。学院的成立极为匆忙，以至于 ILR 学院在数年时间里蜗居于狭窄拥挤的板房内，直至后来搬进位于校园中心一座方形常春藤建筑艾夫斯厅（Ives Hall）。[4]

离开校园多年后重返艾夫斯，我不禁有些紧张。但走访刚刚开始，我就立刻意识到，校园里教授们的观念已经远远超越了当年他们曾经教授我们的。

李·戴尔自 1971 年以来一直担任 ILR 学院的教授，他的一席话让我立刻备感轻松。这位头发灰白的学者明确表示，学院几十年来所教授的常规内容需要更新。他告诉我："作为一名教授和教师，如果还得重新回到 X 理论和 Y 理论，实在是很尴尬。有点儿新意总没什么坏处。"

在我们讨论了工程师思维模式之后，戴尔开始思考可以如何将其应用到更广泛的领域。他说，未来的领导者应该尝试激发主动创造力：他们在分配工作时可以不做过多约束，以便给员工留出创造的空间；他们可以考虑雇用更多富有创造力的人，而不是那些只会依照命令行事的人；他们可以给员工提供薪金奖励，以激励他们想出新点子。

"上帝知道，自工业革命以来，有多少次，低级员工想出了一个好主意，但别人却告诉他们：'那不是你的工作。别拿这个来烦我。做你的工作去吧……'"戴尔说，"而员工并不需要被告知太多次，就不再会提出任何想法。"

戴尔说，创建渠道将合适的想法付诸实践至关重要，这一点与身处硅谷和西雅图的科技巨头们的观点不谋而合。他说："除了让人们有思考的空间，并鼓励他们积极思考，还需要支持的机制和流程，以便在人们提出某一个新的想法时，可以遵照特定的流程，从而确保这些想法能够被听到，并被公平地加以评估。"

硅谷的许多公司已经在开发这些新的流程，其中很多受到了杰夫·贝佐斯六页备忘录的启发。在移动支付公司 Square，"无声会议"已经成为常规。在这些会议开始后的一段时间内，公司的员工会围在桌旁，一声不吭地坐上 30 分钟。不过，他们不是用标记笔和铅笔在六页备忘录上做标记，而是坐在计算机前编辑某位员工事先写好的一个谷歌文档，通过评论工具添加问题和想法。

Square 的产品主管阿丽萨·亨利表示，Square 的流程融合了亚马逊式的创新和谷歌式的协作，旨在确保所有的想法都能被听到。

亨利在 2018 年时曾经说道："许多研究表明，在传统的会议文化中，少数民族、女性、远程工作的员工和性格内向的人在会议中往往会被其他人抢走话头，无法让自己的声音被别人听到。我想建立一种文化，在这种文化中，每个人可以充分表达自己的想法（或是在适当的情况下被写出来），而不必担心被别人抢话头。我想建立一种文化，能够被听到的声音，既不是喊得最响亮的，也不是最会搞政治或是最符合旧金山本地人想法的，而是最正确的声音。我希望能有广泛的思考和辩论。"[5]

我问推特和 Square 的首席执行官杰克·多西（Jack Dorsey）是否也会在推特内部举行无声会议。"在我参加的大多数会议上，我们都是这样做的。"他告诉我。无声会议已经开始在硅谷流行，而且看上去很有可能推广到其他地方。

戴尔说，一旦建立起一个系统，确保想法以公平的方式被听到，你就可以通过在薪酬体系中奖励那些提出想法的人，激励人们分享想法。一个简单的激励措施是，如果某人提出了一个值得评估的想法（比如写出了值得开会讨论的备忘录或 Google Doc），则向这个人发放一小笔奖金；如果他们的想法通过了评估并成功立项，则向他们发放更丰厚的奖金；如果某个想法最终发展成为一项成功的业务，那么公司将给提出想法的人一份利润分成；如果提出的想法是一项节省成本的措施，则想法的提出者也可以分得节省费用的一部分作为奖励。

随着引发民主式创新的体系得到广泛的采用，以及 Slack 和 Google Drive 等协作工具在更大范围内得到推广，旨在打破等级约束的反馈文化也逐渐兴起，工程师思维模式似乎已经准备好从科技巨头的专属领域走向更普遍的商业实践。由于建立了适当的制度和激励措施让想法付诸实践，同时技术发展极大地减少了执行性工作，中小型公司能够与规模更大的对手展开竞争。

在讨论中，戴尔听到我认为未来的领导者将主要是促进者后，似乎很高兴，他一边思考一边露出微笑。他表示："在工作场所让更多的员工拥有发言权，这对公司来说是一件好事，对员工来说是一件好事，对社会来说也是一件好事。我希望这一点能够在未来成为现实。"

新教育体系

随着人类步入注重创新的经济体制，我们也需要重新思考我们的教育体系，这对未来的领导者来说是一项重要的任务。今天，学校仍然面向以执行性工作为主的经济体制来训练学生，因而侧重于训练记忆力、重复性和降低风险，但要想让年轻人在未来的工作岗位上有机会，学校需要培养他们具有创造性。

ILR 学院工作场所研究所所长路易斯·海曼在谈到当前教育体系时表示："目前，整个社会仍然建立在服从和重复的基础之上，但我们的经济却需要围绕独立思考、创造力和新颖性来不断发展。这太可怕了。"

在讨论教育体系灌输给学生的价值观时，海曼似乎很生气。他说："他们想要 A，想得到高分。他们希望自己能买房，能有一份好工作。如果你让他们独立思考，他们会非常不舒服。这并不是因为他们很笨，相反，他们非常非常聪明。这一定是由于他们一辈子都在接受做出正确回答的训练，在他们应该提出问题的时候，他们却总是痴迷于答案。高等教育本该朝着培养独立思考能力的方向发展，但事实并非如此，而是培养出一种从众心理。"

在我的康奈尔大学之行不久，宾夕法尼亚大学教授亚当·格兰特在《纽约时报》上发表了一篇专栏文章，也谈到了上面的问题（他有关弱亲和力付出者的研究成果在脸书颇受推崇）。[6]格兰特和海曼一样，认为那些竭尽全力争取 A 的学生错失了上学的意义。他说："要想获得全 A 的好成绩，学生就必须从众，但拥有一份有影响力的职业则需要创意。"

格兰特建议，为了抑制从众心理，学校应取消附加在字母成绩上的加减号，以便减少追求完美的压力。他还表示，雇主应该强调，他们看重的是技能，而不是分数。同时他向学生分享了一个信息："要认识到，在学校成绩不好时会让你在生活中取得优异成绩。所以，现在也许到了鼓起勇气去实现一个新目标的时候了，那就是，在毕业前至少拿一个 B。"

教导人们从众甚至可能比自动化本身更危险。在一次关于工作场所中新技术影响的谈话中，世界经济论坛新经济与社会中心主任阿迪亚·扎赫迪告诉我："人们期待着有更多的工作机会。"但是，根据她2018 年的研究，在四年之内，人们在任何工作中所需的核心技能都将与其现有的技能之间存在 42% 的不同。那么，到底哪些技能比以往任何时候都更为重要？它们是创造力、独创性和主动性。

科技领袖们试图通过慈善捐赠来改善教育系统。例如，马克·扎克伯格向纽瓦克的教育系统捐赠了 1 亿美元。[7]尽管他们做出了种种努力，目前的教育体统仍然千疮百孔，现在已经到了需要彻底改变的时刻。尽管教育体系可以利用来自科技界的投入，但最有能力做出这些改变的，是由税收支持的公共部门。

海曼说："就领导力而言，我们目前正处在一个真正的十字路口，我们要考虑如何让人们融入新经济。这并不是一个技术选择，而是一项政治选择。"

关爱

在我对 ILR 的副教授亚当·塞思·利特温的访谈中，另一项政治选择引起了我的注意。他和我谈到了那些被技术变革抛下的人，以及应该如何关爱他们。

利特温说，那些取代人类工作的技术往往会使收益集中在这些技术的开发者手中，而这势必带来收入的不平等。例如，当可以直接生成纳税申报单的 TurboTax 取代会计，成为许多人的报税选择之后，这个报税软件就从经济中拿走了一大批高薪工作岗位。利特温以 TurboTax 的拥有者财捷公司（Intuit）为例，他指出："报税服务的费用不再是全国成千上万名会计师的收入，而是直接进入了财捷公司的腰包。最后，收益全部集中在少数人手中。"

随着自动化在我们的经济中占据越来越重要的位置，即使工作岗位在增加，也不可避免地会有一些人被抛在后面。无论是现在还是将来，领导者都需要给予这些人足够的关爱。在这方面还有很多工作要做。

美国西海岸这个亚马逊、苹果、谷歌、脸书和微软的大本营，收入不平等现象已经处于危机的边缘。"一场空前规模的无家可归危机正在震撼西海岸，"美联社 2017 年的一项调查发现，"标志着该地区经济成就的许多表现，包括飙升的住房成本、处于历史最低点的房屋空置率和不会停下来等待任何人的高速经济增长，正在将这场危机的受害者远远地抛在后面。"[8]

在西雅图期间，我拜访了玛丽中心的执行董事马蒂·哈特曼。玛丽中心是一家非营利机构，他们对空置房屋进行改造，为无家可归者提供临时住处。哈特曼告诉我，过去十年里，众多苦苦挣扎的西雅图家庭遭受了双重打击，而这种现象在美国各个城市都有发生。首先，在 2009 年，一场毁灭性的经济衰退使许多人失业。然后，正当这些人努力找到工作和摆脱债务之时，经济开始快速发展，房价也随即飙升。这种组合使许多人流落街头，并且再未能摆脱这种状况。

哈特曼说："从经济衰退迅速逆转为大繁荣，没有人真正预见到这一切的到来。我们没有制订一个计划，建设更多经济适用房，或是维持现有经济适用房的数量。随着那些人们可以负担得起的住房不断卖出，没有新的房源补充进来，人们被迫搬到该地区的边缘地带居住。而现在，随着房租继续不断上涨，很多人失去了立足之地。"

自 2016 年以来，亚马逊已向玛丽中心和另一个关注无家可归者的机构 FareStart 捐赠了 1.3 亿美元。[9] 但今天，一个正在兴起的运动正在质疑社会赢家的慈善努力是否足够。这场运动的参与者表示，一个更公平的税收制度将有助于政府采取更有意义的行动。这是我们未来的领导者应该推动，或至少是他们不应反对的事情。

"我们身边不乏这样的例子，即那些在极不公平的现状中受益的人宣称自己是变革的拥护者。他们知道问题所在，并且希望成为解决方案的一部分，"这场运动的主要代言人阿南德·吉里德哈拉达斯在其著作《赢家通吃》（*Winners Take All*）一书中写道，"因为他们是社会变革中类似尝试的主要推动者，而这些尝试自然反映了他们的偏好。"[10]

亚马逊的确在某些方面为提升其所在社区做出了贡献，但考虑到该公司在纳税方面的做法，它仍然是吉里德哈拉达斯口中的赢家的一个典型例子。亚马逊在 2018 年的盈利高达 112 亿美元,且没有缴纳任何联邦所得税。这家市值高达数千亿美元的公司目前仍然积极寻求各大城市的税收减免优惠,这些城市为了吸引亚马逊入驻而纷纷给予其各种优惠政策,其中最具代表性的就是最终告吹的"HQ2"项目,即在纽约建设一个"总部"的计划。[11] 不过,亚马逊仍准备在弗吉尼亚州建造 HQ2,并会因此而从纳税人那里获得超过 5 亿美元的税收减免优惠。最后,当西雅图推行所谓"人头税",要求大公司为每个雇员缴纳 275 美元的税金,以帮助该市无家可归的人时,亚马逊强烈反对,并最终使西雅图废除了这一税收政策。[12]

利特温说:"由捐赠数十亿美元的慈善家单方面决定什么是最紧迫的社会问题,这一点让我十分不安。我更希望这些决定是通过一个更慎重和更民主的流程而做出的。因此,从这个意义上来说,我更希望这些人能够支持提高税收,而不是自行支配资金。"[13]

在我 2019 年拜访门洛帕克期间,我曾问过扎克伯格,他对平衡私人捐赠和税收有何看法。扎克伯格计划通过他与妻子共同创办的有限责任公司"陈·扎克伯格倡议"(Chan Zuckerberg Initiative),在"慈善事业、公共倡议和其他公益活动"上投入数百亿美元,他还阐述了进行私人捐赠的理由。

他告诉我:"我认为拥有私人慈善事业的价值之一是,慈善组织或机构将尝试做政府不做的事情。我们在教育方面做了很多工作。如果我们在自己所做的某个实验或试验中学到了一些东西,那么我们会力争使我们学到的经验能够便捷地被所有公立学校采用。"

扎克伯格继续说："我们所做的任何事情在规模上都不会有太大的影响，因为我记得，美国每年在教育上的投入高达 6000 亿美元。但我们可以尝试做一些政府可能不想尝试的事情，或是政府没有想到的想法。社会需要一群不同的人来试验和改进系统。"

尽管扎克伯格坚定地支持私人捐赠，但他也承认，为这种捐赠创造条件的经济体系并不十分公正。"我认为之所以有人要求提高税收（而不是私人捐赠），是质疑有钱人从慈善事业的角度来尝试这些东西是否公平。"他说，"而答案显然是否定的，这不公平。"

我问哈特曼，作为她的机构最重要的捐助方，亚马逊是否做得足够。她说："我想告诉你的是，在过去 20 年间，包括我自己在内，每个人都可以做更多事情。每个人都有能力做更多事情。"

关注人工智能

随着更先进的技术在工作场所得到应用，尤其是在人力资源职能（如招聘和薪酬）方面得到应用，领导者还需要密切关注这些技术，以确保其不会作恶。

在我走访康奈尔大学前一周，路透社发表了一篇报道，讲述了某个秘密的亚马逊人工智能工具自主作恶的故事。[14] 亚马逊的招聘人员使用该工具对求职者的简历进行筛选，并对其做出 1 星到 5 星的评分，以评估这些应聘者对公司的适应程度。根据报道，这个系统无疑是招聘中的"制胜法宝"，只除了一件事：它对女性存在偏见。

报道表示：亚马逊的系统通过自我学习得出一个结论，男性候选人更可取，因此，如果简历中包含有"女子"一词，如'女子国际象棋俱乐部队长'，则该系统会打出低分。同时，它还降低了两所女子大学毕业生的简历评分。

亚马逊告诉路透社，这个存在偏见的工具"从未被亚马逊的招聘人员用来评估候选人。"但是对于路透社做出的招聘人员会参照它的断言，该公司并未辩解。

由于亚马逊没有做出进一步的详细说明，人们无法准确知道为什么系统会存在偏见，但正如亚马逊的拉尔夫·赫布里希可能会说的那样，重点是要看输入项。根据路透社引用的数字，在亚马逊的全球员工中，60%为男性，40%为女性。因此，当亚马逊的人工智能工具寻找最适合该公司的候选人时，它根据自己提取的数据很可能会认为，男性候选人更合适公司，因此会更努力地寻找男性。

亚马逊试图修复该系统。但是，即使他们知道了问题所在，仍然无法解决它。路透社的报道称："亚马逊编辑了程序，以使其对那些特定条件保持中立。但是，这并不能保证机器不会设计出其他方法来对候选人进行筛选并产生歧视。"在别无选择的情况下，亚马逊只得取消了该计划。

人工智能就像人类一样，有时会表现不佳。为了进一步了解未来的领导者应如何解决这些问题，我找到ILR的教授兼算法公平性领域的专家伊菲奥马·阿尤瓦。

阿尤瓦将我迎进她的办公室，递给我一杯热巧克力，并建议我们出去散散步。在我打开录音设备后，大大出乎我意料的是，阿尤瓦认为亚马逊做得不错。她说："这只是规则的例外。坦率地说，大多数公司根本都不会对此进行调查。"

阿尤瓦表示，未来的领导者必须不断监控他们的技术是否存在偏见。现在，包括塔吉特①、星巴克和沃尔玛在内，在全球范围内的许多公司中，自动化录用、薪酬和招聘系统已经接管了人力资源职能，因此这项任务的紧迫性日益增加。

"它们并不是从根本上改变歧视问题或偏见问题，"阿尤瓦在谈到这些系统时说，"它们只是一些可能加剧或帮助解决此类问题的工具。既然它们只是工具，那么一个成功或是负责任的领导者就不应放弃自己在如何使用这些工具方面的责任。"

阿尤瓦告诉我，检查这些系统是否存在偏差是解决问题的一部分，但披露也很关键。大多数公司根本不愿意进行他们份内应该完成的审核工作。即使他们进行了审核，并且是内部审核，他们也会对此保密，并可能试图掩盖出现的问题。

由于这些公司在发现人工智能工具的偏差后，并未公开相关信息，其他公司也无法检查自己的工具是否存在类似的缺陷，这对更普遍的职场而言是一种伤害。就此而言，亚马逊的问题在于，它未能及时披露其人工智能系统存在的问题。直到路透社开始关注此事，公司领导

---

① 塔吉特公司（Target）总部在美国明尼苏达州的明尼阿波利斯，是美国仅次于沃尔玛的第二大零售百货集团。——译者注

层才开始对此进行讨论。甚至在那时，他们给出的答复也是模棱两可的。因此，在这种情况下，你应该向披露这些事的记者表示敬意。

一个深思熟虑的创新案例

在 2009 年经济衰退来临之前，当时仍然在 ILR 学院读书的我参加了一个为期一学期的裁员权利研讨会。这门课十分吸引人，让我们深入了解了数百万人在经济崩溃时的经历。ILR HR 268（这门课程的代码）专注于在解雇员工时应采取的做法（如房间内应有其他人，说明尽可能言简意赅，以避免不必要的麻烦），以及应该避免的做法（如不要使用电子邮件）。有时候，这门课程的内容会令人不舒服甚至悲伤，但它确实揭示了职场中一种残酷的真相，尽管许多人宁愿对此视而不见。

事实证明，ILR HR 268 是对现实生活的有益准备。2013 年 1 月，我自己也惨遭裁员。我永远不会忘记那天的所有情况。在一位新任经理手下待了几个星期后，他约我在一个星期二的傍晚面谈。就在我们会面前不久，我走过他预订的会议室，看到我们人力资源部的一名员工正在翻阅一套文件。我很清楚接下来会发生什么。

看到还有几分钟的时间，我走回办公桌，开始收拾东西。就在我快要收拾完的时候，我的经理过来找我。他和人力资源部的一位同事成功地完成了裁员过程。我们都知道流程是怎样的，于是，不到 30 分钟，我就离开了办公室所在的大楼。

离开办公室后，我忍受着一月的严寒在纽约市里走了好几英里。被裁掉是一件让人难以接受的事，而我走的每一步都有助于减轻伤痛。随着时间的推移，这种痛苦渐渐消退。现在，对我来说，当时裁员的大背景比裁员行为本身更值得关注。

当时解雇我的公司是 Operative Media，这家公司开发的软件可以帮助在线新闻出版商管理其业务。它的技术帮助这些公司的销售代表预订广告活动、生成订单、运行广告和创建发票。它的客户包括许多大名鼎鼎的新闻机构，如华尔街日报、NBC 环球和国家公共媒体公司。这是一种实实在在的商业模式，Operative 充分利用了这一点，但随后形势发生了变化。

我在 Operative 任职期间，数字广告行业开始转型。原来，人们通过电话购买广告，整个工作流程烦琐复杂，需要完成一系列任务，比如预订订单、用电子邮件发送合同、追踪广告、管理投放等等，而 Operative 的软件能够帮助人们简化流程。但由于整个流程十分混乱且错误百出，促使行业走上自动化的道路。广告商开始通过新的"程序化"软件系统在网络上购买广告，这些软件系统允许他们在不与人交谈的情况下在网络上运行、支付和定向广告。

随着自动化浪潮的到来，Operative 需要做出一个抉择：它可以帮助出版商客户在自动交易系统上列出他们的广告清单；或者，它也可以坚持其核心业务，即由人工驱动的业务，然后努力地活下去。

最终，Operative 并没有彻底采用任何一种选择。经过长时间的等待，该公司构建了一个 Marketplace 工具，供出版商在自动交易平台上列出其广告资源，但这个工具来得太晚，而且效果也不如竞争对手。很快，Operative 换掉了当时的首席执行官迈克·里奥，在那不久之后，我也被裁掉了。

当我打电话给里奥，探讨问题到底出现在哪里时，我本以为这会是一次直截了当的对话。在深入本书的撰写后，我已经知道他在什么地方偏离了轨道。因此，我期待着他能告诉我，当时公司应该积极创新，而不是因循守旧，应该更早实现自动化，并且需要建立更好的渠道，让想法付诸实践。然而，我听到的却是里奥告诉我："因为我没听董事会的话"（董事会敦促他实现自动化），我以为我们正沿着上面的方向前进。"

他随后将谈话带到了一个我未曾预料到的方向。他说："如果仅是对投资者忠诚，那么我本该早些实现自动化。但是，如果是朝着我认为正确的方向前进，那我们当时可能确实选择了一条正确的道路。"

里奥告诉我，推动广告销售自动化向前发展将会损害大型新闻机构的工作价值。使用自动化系统的广告商更关心他们的广告会触达哪些人，而不是这些人正在阅读的内容。因此，把顶级新闻出版商的广告资源放到自动化系统中，将其与几乎（或根本）不进行真正报道的垃圾网站相提并论，并不符合顶级新闻出版商的最大利益。

里奥告诉我，随着人类的创新能力达到前所未有的水平，我们必须对我们创造出的东西进行深思。这种观念与人性背道而驰，因为人性会驱使我们不计后果地不断创新。尤利乌斯·罗伯特·奥本海默（J.

Robert Oppenheimer）^①曾经说过："当你看到某个在技术上完美的东西时，毫不犹豫地去实现它吧。只有在获得技术上的成功之后，才需要争论该拿它怎么办。"¹⁵奥本海默在此指的是原子弹。

如果在创新时缺乏深思熟虑，我们可能会遭到自己所创造出的东西的反噬，正如新闻出版商（这个例子不像奥本海默的例子那样极端）最终发现的那样。尽管 Operative 尽了最大的努力，人工购买广告仍然是一个困难的过程。受够了这个系统的广告客户开始在自动化广告购买领域投入更多资金，新闻出版商也紧随其后。如今，几乎所有的新闻出版商都已经转为自动化广告交易，而新闻行业则已经走到了生死存亡的关头。

反思已经发生的这一切后，里奥希望这个信息能够传达给下一代。"有些时候，我衷心为自己当初坚持立场而感到高兴，"他告诉我，"那就是在我和孩子们说话的时候。"

一路向前

伊萨卡是一片常年浓云密布之地，但在我的康奈尔大学之行接近尾声时，太阳罕见地出现在天际。我站在公共汽车站，身上沐浴着几

---

① 尤利乌斯·罗伯特·奥本海默是著名美籍犹太裔物理学家，曾任美国加州大学伯克利分校物理学教授，是"曼哈顿计划"的领导者，被誉为"原子弹之父"。——译者注

缕阳光，望着身边行色匆匆的学生，不禁心生好奇：他们是否知道他们即将进入的职场会有多少变化在等着他们？

毋庸讳言，变化即将到来。机器学习、云计算和协作工具还处于初级阶段，随着时间的推移，它们一定会变得日益强大。这些工具有可能对人、对社会造成伤害。但是，如果我们能够适当地控制其风险，那么我们将迈向一个激动人心的新时代。在最好的情况下，我们的前途将一片光明。而我，乐观地相信我们最终会到达那个光明的彼岸。

工作令大多数人感到畏惧和危险，现在它却有可能令许多人更具创造性、更有成就感。我们不必整天奔波，执行老板的构想，而将与他们并肩作战，把我们的想法付诸实践。随着越来越多的公司依靠创新获得成功，这种情况可能会很快从空想变成现实。

我们的经济可能变得更具活力。那些科技巨头固然希望自身能够永远保持领先地位，但随着工程师思维模式及相关的工作场所技术不断扩散，这些公司的竞争对手将能够发起有力的挑战。随着创新在小公司中蓬勃发展，业绩增长将变得更加均匀，财富增加将更普遍，人们将过上更好的生活。

政府和非营利性部门亟须的变革也有望很快发生。我们的世界面临着许多紧迫的挑战，我们正面临气候、教育、健康和贫困等诸多方面的危机，因而需要尽可能多的创造性的解决方案。如果公共部门能够减少大量的执行性工作，从而解放其雇员，使他们能够针对这些问题构建创新性的解决方案，我们就可能有机会更好地度过显然将充满动荡的未来。当然，这些部门为此必须进行某些文化变革（例如，它们将不得不开始听取普通员工的意见），但这些就算不能板上钉钉地实现，至少也有很大的可能性。包括美国联邦总务署（General Services Administration）和美国国家航空航天局（NASA）在内，25个联邦政府部门已经在与UiPath合作，以实现执行性工作的自动化，这预示着未来的发展方向。[16]

　　这种最好的情况值得为之奋斗。这一目标的实现，需要政治家和企业家的共同努力，并且它并不会对每个人而言都是坦途。但如果我们成功了，我们将生活在一个更健康、更幸福、更稳定的社会。

　　我希望本书讲述的内容能对我们达到这一目的有一些小小的帮助。剩下的就看我们了。

致谢

　　若没有朋友、家人和同事的支持、建议和指导，这本书永远也不会面世。在此，我特别感谢下列人士，他们使美好的时刻更加甜蜜，艰难的时刻相对容易，使我顺利地度过了充满挑战的时刻。我所取得的一切都有赖于他们。

　　感谢梅里·孙，我才华出众的编辑。她从容优雅地指导了整个过程，使我们不断突出重点。她对于好的方面从不吝鼓励，也总是温柔地指出不足之处，并耐心地教会我如何写一本书。

　　感谢吉姆·莱文，全行业最棒的经纪人。他回复了我冒昧发送给他的邮件，从我们的第一通电话起就力挺这个创意，并且在听过我一大堆杂乱无章的想法之后，帮助我将书稿塑造成今天的样子。

　　感谢娜塔莉·罗伯赫迈德。她负责核查事实，精心将整部手稿细细梳理了一遍，使其几乎无懈可击。

　　感谢阿德里安·扎克海姆，Portfolio 出版社的出版人。他从我们第一次见面起，就不断对本书中的各种想法进行压力测试，并对这次写作给予大力支持，尽管当时我们谁都不知道它最终会走向何方。

感谢 Portfolio 出色的销售、美编和宣传团队。有赖于他们的努力工作，这本书才最终得以交到了你们的手中，并确保它看起来很漂亮！特别感谢威尔·韦瑟帮助打造了标题和副标题，马戈特·斯塔玛斯为本书宣传做了大量工作，尼可·麦卡德尔在市场营销方面不懈努力，克里斯·塞尔吉奥和詹·赫尔设计出英文版的惊艳封面。

感谢 Portfolio 的前雇员斯蒂芬妮·弗里里希、丽贝卡·肖恩塔和艾莉莎·阿德勒。他们看到了本书的潜力，并在早期对其成形提供了巨大帮助。十分感谢他们对我的期待和信任。

还要感谢我在 BuzzFeed 的优秀同事。他们教会我，在报道中没有任何挑战过大或太过困难。正是在这种信念的引领下，我才得以完成这个我一生中最大的报道项目。我努力了三次，才成功地得到 BuzzFeed 的雇用，从而获得了一份梦想工作。我仍然无法相信自己能有如此好运，能够每天从本·史密斯、马特·霍南、约翰·帕茨科夫斯基、斯科特·卢卡斯和我的记者伙伴那里学习。同时，能有机会与令人惊叹的艾伦·库欣和萨曼莎·欧特曼合作也让我感到三生有幸，他们现在分别在《大西洋》杂志和 Recode 负责科技报道。与他们的合作真是一次狂野而奇妙的旅行。

感谢我的父母托瓦和加里·坎特罗维茨。他们培养了我独立思考的精神，教会我要保持好奇心，并且在本书每章完成后都是热情的读者。感谢你们的支持，更感谢你们总是让我自己探寻，而不是告诉我答案。

感谢斯蒂芬妮·卡诺拉，她一直是我生活中一股强大的稳定力量。她是一位了不起的朋友，帮助我走出人生低谷，为我取得的成就喝彩，她的鼓励还帮助我度过了许多挑战。如果没有斯蒂芬妮，我不知道我现在会在哪里。

感谢苏和史蒂夫·特雷格曼。他们两次在他们西雅图的家中收留我许多个星期。他们的热情款待使我能够对亚马逊和微软进行深度报道，而这是忠实讲述这两家公司的故事所必需的。苏和史蒂夫像我的家人一样，我们一起观看《美国达人》（America's Got Talent）节目和水手队（Mariners）①的比赛，还与琳达、罗伊、加利、马特奥和其他家庭成员一起度过了许多欢乐的时光。他们永远是我的家人。

还有苏和史蒂夫的猫，也和我成了好朋友。

感谢我的兄弟们，被我们昵称为"梭鱼"的巴里和被我们昵称为"小乌贼"的乔希随时乐意与我交谈，并且在我长时间孤独地对着计算机打字的过程中，让我保持高涨的情绪。他们使我的生活丰富多彩，童心永在。

感谢坎特罗威茨和史特纳的大家庭，他们使我成为今天的我。我们今天的一切都要归功于利昂和米里亚姆·坎特罗威茨，以及杰罗姆和埃莉诺·斯特普纳，他们为了我们能有一个光明的未来而努力工作。

---

① 似指西雅图水手队（Seattle Mariners），它在美国职业棒球大联盟中隶属于美国联盟西区。——译者注

我们也一直受到已故的堂姐蕾切尔·坎特罗威茨的鼓舞，她让我们看到了如何满怀爱意与善良度过一生。谢谢你们所做的一切！

感谢卡梅尔·迪米西斯（Carmel DeAmicis）。她在我试图理顺报道的思路时，一直耐心地倾听。她还是一位忠实的读者，对我写作的每一步都提供了出色的建议。谢谢卡梅尔，你是最好的。

感谢彭博社的马克·伯根，旧金山贝尔纳尔高地的知名人物。他帮助我策划了本书的报道，并一直是一位了不起的朋友，给予我有力的支持。我们在索萨利托和芬斯顿的无数次骑行以及在湾区的各种远足都是愉快的体验。相信未来还会有更多这样的时刻。

感谢布拉德·艾伦。他使我在整个过程中都能够脚踏实地，而我们的每次谈话都帮助我从新的视角审视生活。他的篮球球技也还算说得过去。

感谢杰西卡·弗雷德林。她向我展示了旧金山的行事风格，我从她和她的丈夫亚历克斯那里学到了很多有关生活、商业的知识。在我们每周的晚间聚餐中，他们总是乐于谈论本书的最新挑战，并不吝提供建议和支持。

感谢简·雷布鲁克。她一直对我提供了热情无私的支持，一路为我加油。她永远乐于倾听，从未让我闭嘴。这足以证明她是一位圣人。

感谢内特·斯基德。他激励我不断追求更大、更好的目标。他的妻子朗和女儿伊夫林同样功不可没。我从他们一家受益良多。

感谢马特·苏多，他教会我珍惜每个瞬间；还有理查德·所罗门，他教我广告是如何运作的；霍华德·斯皮勒是我长期的导师，尽管他早已经不再对纽约市经济发展局负有义务这么做。

在撰写本书的过程中，曾经有一群朋友到我的公寓举办了一场"书稿朗读会"。他们朗读我的书稿并给出反馈。他们中许多人的名字已经列出，但有些人的名字我不知道。在此，我要特别大声向阿里尔·加缪和乔·沃灵顿致谢，感谢他们让我们在整个朗读会上笑声不断。

感谢北岸的工作人员大卫、加布、珍妮和丽贝卡，他们在整个著书的过程中让我保持高昂的情绪。

感谢康奈尔大学的工作人员阿里、阿亚拉、查德、丹、艾米莉、埃兹伦、加维、汉娜、赫比、杰克、杰斯敏、杰奎琳、乔希、朱达、劳伦、纳奥米、纽曼、妮可、佩里、瑞秋、瑞娜、罗尼特、沙普和齐皮……你们太棒了！谢谢大家的支持和鼓励。

感谢"永不停歇"聊天组。它使我在连续多日独对键盘时保持了（相对的）神志清醒。那些源源不断的链接和有益的讨论帮助我不断学习。谢谢你们，伙计们。尽管我对 NBA 知之甚少，感谢你们并没有把我踢出去。

感谢《广告时代》的西蒙·杜门科、迈克尔·李尔蒙、莫林·莫里森、马特·奎恩和朱迪·波拉克。他们把我从一个营销人员变成了一名记者。

感谢索尔·奥斯特利茨。他在我刚起步的时候教过我如何做兼职新闻报道，并且在我想投身写作时，又教我写书。

感谢拉里·赖布斯坦。他在创业初期曾与我会面，并为我指明了正确的方向。这个小小的举动改变了我的生活。

感谢斯科特·奥尔斯特。他为我带来重大突破,在《财富》杂志上发表了我的第一篇文章,从而开启了我的报道生涯。

感谢扎克·奥马利·格林伯格和乔恩·布鲁纳。他们将我作为撰稿人引入《福布斯》杂志,从而开启了这场旅程。

感谢 #MetsBooth 的加里、基思和罗恩,感谢你们在整个春天和夏天,在许多孤独的下午陪伴我。希望很快能在秋天见到你们。

感谢旧金山瓦伦西亚街上的 Arizmendi 西饼屋的优秀员工。我在写这本书期间多次造访那里,他们总是以咖啡和微笑来迎接我。不管我写得多么艰难,我知道我每天都可以顺道去那里享受 30 分钟的快乐时光。

感谢格伦峡谷公园的工作人员。他们让我在写作的整个过程中,能拥有一个每日跑步的美丽地方。我建议你下次来旧金山时一定要来逛逛。

最后,我要感谢所有那些打击过我的人,认为我没有可能成功,或是没有足够资源。谢谢你们,你们燃起了我的斗志。

附注

前言　初遇扎克伯格

1　Zuckerberg, Mark. "Building Global Community." Facebook, February 16, 2017. https://www.facebook.com/notes/mark-zuckerberg/building-global-community/10103508221158471.

绪言　每天都像"创业第一天"

1　Amazon News. "Jeff Bezos on Why It's Always Day 1 at Amazon." YouTube, April 19, 2017. https://www.youtube.com/watch?v=fTwXS2H_iJo.

2　Lam, Bourree. "Where Do Firms Go When They Die?" *Atlantic*. Atlantic Media Company, April 12, 2015. https://www.theatlantic.com/business/archive/2015/04/where-do-firms-go-when-they-die-390249/.

3　Winkler, Rolfe. "Software 'Robots' Power Surging Values for Three Little-

Known Startups." *Wall Street Journal*. Dow Jones & Company, September 17, 2018. https://www.wsj.com/articles/software-robots-power-surging-values-for-three-little-known-startups-1537225425.

4   Lunden, Ingrid. "RPA Startup Automation Anywhere Nabs $300M from SoftBank at a $2. 6B Valuation." TechCrunch. TechCrunch, November 15, 2018. https://techcrunch.com/2018/11/15/rpa-startup-automation-anywhere-nabs-300m-from-softbank-at-a-2-6b-valuation.

5   Ramachandran, Shalini, and Joe Flint. "At Netflix, Radical Transparency and Blunt Firings Unsettle the Ranks." *Wall Street Journal*. Dow Jones & Company, October 25, 2018. https://www.wsj.com/articles/at-netflix-radical-transparency-and-blunt-firings-unsettle-the-ranks-1540497174?mod=hp_lead_pos4.

6   Duhigg, Charles. "Dr. Elon & Mr. Musk: Life Inside Tesla's Production Hell." *Wired*. Condé Nast, December 13, 2008. https://www.wired.com/story/elon-musk-tesla-life-inside-gigafactory.

7   Isaac, Mike. *Super Pumped: The Battle for Uber*. New York: W. W. Norton & Company, 2019.

第一章 亚马逊：杰夫·贝佐斯的创新文化

1   "Leadership Principles." Amazon. jobs. Accessed October 3, 2019. https://www.amazon.jobs/en/principles.

2   Stone, Madeline. "A 2004 Email from Jeff Bezos Explains Why PowerPoint Presentations Aren't Allowed at Amazon." *Business Insider*. Business Insider, July 28, 2015. https://www.businessinsider.com/jeff-bezos-email-against-powerpoint-presentations-2015-7.

3   这份备忘录内容详尽：这些备忘录甚至对每个部门都设定了一套自己的微领导力准则，称为原则。

4   Rusli, Evelyn. "Amazon. com to Acquire Manufacturer of Robotics." *New York Times*. New York Times, March 19, 2012. https://dealbook.nytimes. com/2012/03/19/amazon-com-buys-kiva-systems-for-775-million/.

5   Seetharaman, Deepa. "Amazon Has Installed 15,000 Warehouse Robots to Deal with Increased Holiday Demand." *Business Insider*. Business Insider, December 1, 2014. https://www.businessinsider.com/r-amazon-rolls-out-kiva-robots-for-holiday-season-onslaught-2014-12.

6   Levy, Nat. "Chart: Amazon Robots on the Rise, Gaining Slowly but Steadily on Human Workforce." *GeekWire*. GeekWire, December 29, 2016. https:// www.geekwire.com/2016/chart-amazon-robots-rise-gaining-slowly-steadily-human-workforce/.

7   Del Rey, Jason. "Land of the Giants." *Vox*. Accessed October 3, 2019. https:// www.vox.com/land-of-the-giants-podcast.

8   Pollard, Chris. "Rushed Amazon Staff Pee into Bottles as They're Afraid of Time-Wasting." *Sun*. Sun, April 15, 2018. https://www.thesun.co.uk/news/6055021/rushed-amazon-warehouse-staff-time-wasting.

9   Stone, Brad. *The Everything Store: Jeff Bezos and the Age of Amazon*. New York: Little, Brown and Company, 2013.

10   Recode. "Amazon Employee Work-Life Balance | Jeff Bezos, CEO Amazon | Code Conference 2016." YouTube, June 2, 2016. https://www.youtube.com/watch?v=PTYFEgXaRbU.

11   TheBushCenter. "Forum on Leadership: A Conversation with Jeff Bezos." YouTube, April 20, 2018. https://www.youtube.com/watch?v=xu6vFIKAUxk.

12   Kantor, Jodi, and David Streitfeld. "Inside Amazon: Wrestling Big Ideas in a Bruising Workplace." *New York Times*. New York Times, August 15, 2015. https://www.nytimes.com/2015/08/16/technology/inside-amazon-wrestling-big-ideas-in-a-bruising-workplace.html.

13 Carney, Jay. "What the New York Times Didn't Tell You." Medium. Medium, October 19, 2015. https://medium.com/@jaycarney/what-the-new-york-times-didn-t-tell-you-a1128aa78931.

14 Communications, NYTCo. "Dean Baquet Responds to Jay Carney's Medium Post." Medium. Medium, October 19, 2015. https://medium.com/@NYTimesComm/dean-baquet-responds-to-jay-carney-s-medium-post-6af794c7a7c6.

15 Cook, John. "Full Memo: Jeff Bezos Responds to Brutal NYT Story, Says It Doesn't Represent the Amazon He Leads." *GeekWire*. GeekWire, August 16, 2015. https://www.geekwire.com/2015/full-memo-jeff-bezos-responds-to-cutting-nyt-expose-says-tolerance-for-lack-of-empathy-needs-to-be-zero/.

第二章 脸书：马克·扎克伯格的反馈文化

1 Inskeep, Steve. "We Did Not Do Enough to Protect User Data, Facebook's Sandberg Says." NPR. NPR, April 6, 2018. https://www.npr.org/2018/04/06/600071401/we-did-not-do-enough-to-protect-user-data-facebooks-sandberg-says.

2 Rusli, Evelyn M. "Even Facebook Must Change." *Wall Street Journal*. Dow Jones & Company, January 29, 2013. https://www.wsj.com/articles/SB10001424127887323829504578272233666653120.

3 Goode, Lauren. "Facebook Was Late to Mobile. Now Mobile Is the Future." *Wired*. Condé Nast, February 06, 2019. https://www.wired.com/story/facebooks-future-is-mobile/.

4 Efrati, Amir. "Facebook Struggles to Stop Decline in 'Original' Sharing." *The Information*, April 7, 2016. https://www.theinformation.com/articles/facebook-struggles-to-stop-decline-in-original-sharing?shared=5dd15d.

5 Facebook 10-Q. Accessed October 3, 2019. https://www.sec.gov/Archives/edgar/data/1326801/000132680115000032/fb-9302015x10q.htm.

6   Kantrowitz, Alex. "Small Social Is Here: Why Groups Are Finally Finding a Home Online." *BuzzFeed News*. BuzzFeed News, November 3, 2015. https:// www.buzzfeednews.com/article/alexkantrowitz/small-social-is-here-why-groups-are-finally-finding-a-home-o.

7   Wells, Georgia, and Deepa Seetharaman. "WSJ News Exclusive | Snap Detailed Facebook's Aggressive Tactics in 'Project Voldemort' Dossier." *Wall Street Journal*. Dow Jones & Company, September 24, 2019. https://www.wsj.com/ articles/snap-detailed-facebooks-aggressive-tactics-in-project-voldemort-dossier-11569236404.

8   Tsotsis, Alexia. "Facebook Scoops Up Face. com for $55–60M to Bolster Its Facial Recognition Tech (Updated)." *TechCrunch*. TechCrunch, June 18, 2012. https://techcrunch.com/2012/06/18/facebook-scoops-up-face-com-for-100m-to-bolster-its-facial-recognition-tech/.

9   Kantrowitz, Alex. "Facebook Expands Live Video Beyond Celebrities." *BuzzFeed News*. BuzzFeed News, December 3, 2015. https://www.buzzfeednews. com/article/alexkantrowitz/facebook-brings-its-live-streaming-to-the-masses#. jegRRDmJK.

10 Rabin, Charles. "Woman Posts Live Video of Herself After Being Shot in Opa-Locka Burger King Drive-Through." *Miami Herald*. Miami Herald, February 2, 2016. https://www.miamiherald.com/news/local/crime/article57897483.html.

11 Kantrowitz, Alex. "Violence on Facebook Live Is Worse Than You Thought." *BuzzFeed News*. BuzzFeed News, June 16, 2017. https://www.buzzfeednews. com/article/alexkantrowitz/heres-how-bad-facebook-lives-violence-problem-is.

12 Kantrowitz, Alex. "Facebook Is Using Artificial Intelligence to Help Prevent Suicide." *BuzzFeed News*. BuzzFeed News, March 1, 2017. https://www.buzzfeednews. com/article/alexkantrowitz/facebook-is-using-artificial-intelligence-to-prevent-suicide.

13   Rosen, Guy. "F8 2018: Using Technology to Remove the Bad Stuff Before It's Even Reported." Facebook Newsroom, May 2, 2018. https://newsroom.fb.com/news/2018/05/removing-content-using-ai/.

14   Newton, Casey. "The Secret Lives of Facebook Moderators in America." *Verge*. Vox, February 25, 2019. https://www.theverge.com/2019/2/25/18229714/cognizant-facebook-content-moderator-interviews-trauma-working-conditions-arizona.

15   Stamos, Alex. "An Update on Information Operations on Facebook." Facebook Newsroom, September 6, 2017. https://newsroom.fb.com/news/2017/09/information-operations-update/.

16   Rosenberg, Matthew, Nicholas Confessore, and Carole Cadwalladr. "How Trump Consultants Exploited the Facebook Data of Millions." *New York Times*. New York Times, March 17, 2018. https://www.nytimes.com/2018/03/17/us/politics/cambridge-analytica-trump-campaign. html.

17   Mac, Ryan, Charlie Warzel, and Alex Kantrowitz. "Growth at Any Cost: Top Facebook Executive Defended Data Collection in 2016 Memo—and Warned That Facebook Could Get People Killed." *BuzzFeed News*. BuzzFeed News, March 29, 2018. https://www.buzzfeednews.com/article/ryanmac/growth-at-any-cost-top-facebook-executive-defended-data.

18   Stewart, Emily. "What Mark Zuckerberg Will Tell Congress About the Facebook Scandals." *Vox*. Vox, April 10, 2018. https://www.vox.com/policy-and-politics/2018/4/9/17215640/mark-zuckerberg-congress-testimony-facebook.

19   McAllister, Edward. "Facebook's Cameroon Problem: Stop Online Hate Stoking Conflict." Reuters. Thomson Reuters, November 4, 2018. https://www.reuters.com/article/us-facebook-cameroon-insight/facebooks-cameroon-problem-stop-online-hate-stoking-conflict-idUSKCN1NA0GW.

20   Rajagopalan, Megha. " 'We Had to Stop Facebook' : When Anti-Muslim Violence Goes Viral." *BuzzFeed News*. BuzzFeed News, April 7, 2018. https://www.buzzfeednews.com/article/meghara/we-had-to-stop-facebook-when-

anti-muslim-violence-goes-viral.

第三章 谷歌：桑达尔·皮查伊的协作文化

1 Conger, Kate. "Exclusive: Here's the Full 10-Page Anti-Diversity Screed Circulating Internally at Google [Updated]." *Gizmodo*. Gizmodo, August 5, 2017. https:// gizmodo.com/exclusive-heres-the-full-10-page-anti-diversity-screed-1797564320.

2 Alyssa Milano, Twitter Post, October 15, 2017, 1:21 p. m., https://twitter.com/ Alyssa_Milano/status/919659438700670976.

3 Harmanci, Reyhan. "Inside Google's Internal Meme Generator." *BuzzFeed News*. BuzzFeed News, September 26, 2012. https://www.buzzfeednews.com/article/ reyhan/inside-googles-internal-meme-generator.

4 Nelson, Jeff. "What Did Sundar Pichai Do That His Peers Didn't, to Get Promoted Through the Ranks from an Entry Level PM to CEO of Google?" Quora, July 24, 2016. https://www.quora.com/What-did-Sundar-Pichai-do-that-his-peers-didnt-to-get-promoted-through-the-ranks-from-an-entry-level-PM-to-CEO-of-Google/answer/Jeff-Nelson-32 ?ch=10 & share=53473102 & srid=au3.

5 "Sundar Pichai Full Speech at IIT Kharagpur 2017 | Sundar Pichai at KGP | Latest Speech." YouTube, January 10, 2017. https://www.youtube.com/watch?v=-yLlMk41sro & feature=youtu.be.

6 Mazzon, Jen. "Writely So." *Official Google Blog*, March 9, 2006. https:// googleblog.blogspot.com/2006/03/writely-so.html.

7 Sjogreen, Carl. "It's About Time." Official Google Blog, April 13, 2006. https:// googleblog.blogspot.com/2006/04/its-about-time.html.

8 Rochelle, Jonathan. "It's Nice to Share." Official Google Blog, June 6, 2006. https://googleblog.blogspot.com/2006/06/its-nice-to-share.html.

9   "Sundar Pichai Launching Google Chrome." YouTube, February 19, 2017. https://www.youtube.com/watch?v=3_Ye38fBQMo.

10   Doerr, John E. *Measure What Matters: How Google, Bono, and the Gates Foundation Rock the World with OKRs*. New York: Portfolio, 2018.

11   Newcomb, Alyssa. "Microsoft: Drag Internet Explorer to the Trash. No, Really." *Fortune*. Fortune, February 8, 2019. https://fortune.com/2019/02/08/download-internet-explorer-11-end-of-life-microsoft-edge/?xid=gn_editorspicks.

12   Stone, Brad, and Spencer Soper. "Amazon Unveils a Listening, Talking, Music-Playing Speaker for Your Home." *Bloomberg*. Bloomberg, November 6, 2014. https://www.bloomberg.com/news/articles/2014-11-06/amazon-echo-is-a-listening-talking-music-playing-speaker-for-your-home.

13   Page, Larry. "G Is for Google." Official Google Blog, August 10, 2015. https://googleblog.blogspot.com/2015/08/google-alphabet.html.

14   "US Time Spent with Media: EMarketer's Updated Estimates and Forecast for 2014–2019." eMarketer, April 27, 2017. https://www.emarketer.com/Report/US-Time-Spent-with-Media-eMarketers-Updated-Estimates-Forecast-20142019/2002021.

15   Pierce, David. "One Man's Quest to Make Google's Gadgets Great." *Wired*. Condé Nast, February 8, 2018. https://www.wired.com/story/one-mans-quest-to-make-googles-gadgets-great/.

16   Tiku, Nitasha. "Three Years of Misery Inside Google, the Happiest Company in Tech." *Wired*. Condé Nast, August 13, 2019. https://www.wired.com/story/inside-google-three-years-misery-happiest-company-tech/.

17   Shane, Scott, and Daisuke Wakabayashi. "'The Business of War': Google Employees Protest Work for the Pentagon." *New York Times*. New York Times, April 4, 2018. https://www.nytimes.com/2018/04/04/technology/google-letter-ceo-pentagon-project.html?login=smartlock & auth=login-smartlock.

18   "Lethal Autonomous Weapons Pledge." Future of Life Institute. https://
     futureoflife.org/lethal-autonomous-weapons-pledge/.

19   Tarnoff, Ben. "Tech Workers Versus the Pentagon." *Jacobin*. Jacobin, June 6,
     2018. https://jacobinmag.com/2018/06/google-project-maven-military-tech-
     workers.

20   Conger, Kate. "Google Employees Resign in ProtestAgainst Pentagon Contract."
     Gizmodo. Gizmodo, May 14, 2018. https://gizmodo.com/google-employees-
     resign-in-protest-against-pentagon-con-1825729300.

21   Shane, Scott, Cade Metz, and Daisuke Wakabayashi. "How a Pentagon Contract
     Became an Identity Crisis for Google." *New York Times*. New York Times, May
     30, 2018. https://www.nytimes.com/2018/05/30/technology/google-project-
     maven-pentagon.html.

22   Pichai, Sundar. "AI at Google: Our Principles." Google, June 7, 2018. https://
     www.blog.google/technology/ai/ai-principles/.

23   Alba, Davey. "Google Backs Away from Controversial Military Drone Project."
     BuzzFeed News. BuzzFeed News, June 1, 2018. https://www.buzzfeednews.
     com/article/daveyalba/google-says-it-will-not-follow-through-on-pentagon-
     drone-ai.

24   Wakabayashi, Daisuke, and Katie Benner. "How Google Protected Andy Rubin,
     the 'Father of Android'." *New York Times*. New York Times, October 25, 2018.
     https://www.nytimes.com/2018/10/25/technology/google-sexual-harassment-
     andy-rubin.html.

25   Morris, Alex. "Rage Drove the Google Walkout. Can It Bring About Real
     Change at Tech Companies?" *New York*. New York Magazine, February 5, 2019.
     http://nymag.com/intelligencer/2019/02/can-the-google-walkout-bring-about-
     change-at-tech-companies.html.

26   Fried, Ina. "Google CEO: Apology for Past Harassment Issues Not Enough."

Axios. Axios, October 30, 2018. https://www.axios.com/google-ceo-apologizes-past-sexual-harassment-aec53899-6ac0-4a70-828d-70c263e56305. html.

27　Ghaffary, Shirin, and Eric Johnson. "After 20,000 Workers Walked Out, Google Said It Got the Message. The Workers Disagree." *Vox*. Vox, November 21, 2018. https://www.vox.com/2018/11/21/18105719/google-walkout-real-change-organizers-protest-discrimination-kara-swisher-recode-decode-podcast.

28　Wakabayashi, Daisuke. "Google Ends Forced Arbitration for All Employee Disputes." *New York Times*. New York Times, February 21, 2019. https://www.nytimes.com/2019/02/21/technology/google-forced-arbitration.html.

29　Tiku, Nitasha. "Google Walkout Organizers SayThey're Facing Retaliation." *Wired*. Condé Nast, April 22, 2019. https://www.wired.com/story/google-walkout-organizers-say-theyre-facing-retaliation/.

30　Kowitt, Beth. "Inside Google's Civil War." *Fortune*. Fortune, May 17, 2019. https://fortune.com/longform/inside-googles-civil-war/.

第四章　苹果：蒂姆·库克和苹果难题

1　Brownlee, Marques. "Apple HomePod Review: The Dumbest Smart Speaker?" YouTube, February 16, 2018. https://www.youtube.com/watch?v=mpjREfvZiDs & feature=youtu.be.

2　Gruber, John. "Angela Ahrendts to Leave Apple in April; Deirdre O'Brien Named Senior Vice President of Retail and People." *Daring Fireball* (blog). Accessed February 5, 2019. https://daringfireball.net/linked/2019/02/05/ahrendts-obrien.

3　Gruber, John. "Jony Ive Is Leaving Apple." *Daring Fireball* (blog), June 27, 2019. https://daringfireball.net/2019/06/jony_ive_leaves_apple.

4　Mayo, Benjamin. "United Airlines Takes Down Poster That Revealed Apple Is Its Largest Corporate Spender." *9to5Mac*, January 14, 2019. https://9to5mac.com/2019/01/14/united-airlines-apple-biggest-customer/.

5　Schleifer, Theodore. "An Apple Engineer Showed His Daughter the New IPhone X. Now, She Says, He's Fired." *Recode*. Vox, October 29, 2017. https://www.vox.com/2017/10/29/16567244/apple-engineer-fired-iphone-x-daughter-secret-product-launch.

6　Cook, Tim. "Letter from Tim Cook to Apple Investors." Apple Newsroom, January 2, 2019. https://www.apple.com/newsroom/2019/01/letter-from-tim-cook-to-apple-investors/.

7　Thompson, Ben. "Apple's Errors." *Stratechery by Ben Thompson*, January 7, 2019. https://stratechery.com/2019/apples-errors/?utm_source=Memberful & utm_campaign=131ddd5a64-weekly_article_2019_01_07 & utm_medium=email & utm_term=0_d4c7fece27-131ddd5a64-110945413.

8　Balakrishnan, Anita, and Deirdre Bosa. "Apple Co-Founder Steve Wozniak: iPhone X Is the First iPhone I Won't Buy on 'Day One.'" *CNBC*. CNBC, October 23, 2017. https://www.cnbc.com/2017/10/23/apple-co-founder-steve-wozniak-not-upgrading-to-iphone-x-right-away.html.

9　"CNBC Exclusive: CNBC Tran-script: Apple CEO Tim Cook Speaks with CNBC's Jim Cramer Today." *CNBC*. CNBC, January 8, 2019. https://www.cnbc.com/2019/01/08/exclusive-cnbc-transcript-apple-ceo-tim-cook-speaks-with-cnbcs-jim-cramer-today. html.

10　Gross, Doug. "Apple Introduces Siri, Web Freaks Out." *CNN*. Cable News Network, October 4, 2011. https://www.cnn.com/2011/10/04/tech/mobile/siri-iphone-4s-skynet/index.html.

11　请注意，是乔布斯启动了 Siri 项目。

12　Hall, Zac. "Apple Delaying HomePod Smart Speaker Launch until next Year."

9to5Mac, November 17, 2017. https://9to5mac.com/2017/11/17/homepad-delay/.

13 Kolodny, Lora, Christina Farr, and Paul A. Eisenstein. "Apple Just Dismissed More than 200 Employees from Project Titan, Its Au-tonomous Vehicle Group." *CNBC*. CNBC, January 24, 2019. https://www.cnbc.com/2019/01/24/apple-lays-off-over-200-from-project-titan-autonomous-vehicle-group. html.

14 "How Is the Work Culture at the IS&T Division of Apple?" Quora. https://www. quora.com/How-is-the-work-culture-at-the-IS-T-division-of-Apple.

15 Salinas, Sara. "Amazon Raises Min-imum Wage to $15 for All US Employees." CNBC. CNBC, October 2, 2018. https://www.cnbc.com/2018/10/02/amazon-raises-minimum-wage-to-15-for-all-us-employees. html.

16 Gross, Terry. "For Facebook Content Moderators, Traumatizing Material Is a Job Hazard." *NPR*. NPR, July 1, 2019. https://www.npr.org/2019/07/01/737498507/for-facebook-content-moderators-traumatizing-material-is-a-job-hazard.

17 Nagourney, Adam, Ian Lovett, and Richard Pérez-Peña. "San Bernardino Shooting Kills at Least 14; Two Suspects Are Dead." *New York Times*. New York Times, December 2, 2015. https://www.nytimes.com/2015/12/03/us/san-bernardino-shooting.html.

18 Ng, Alfred. "FBI Asked Apple to Unlock iPhone Before Trying All Its Options." CNET, March 27, 2018. https://www.cnet.com/news/fbi-asked-apple-to-unlock-iphone-before-trying-all-its-options.

19 Grossman, Lev. "Apple CEO Tim Cook: Inside His Fight with the FBI." *Time*. Time Magazine, March 17, 2016. https://time.com/4262480/tim-cook-apple-fbi-2.

20 Cook, Tim. "Customer Letter." Apple. Accessed February 16, 2016. https://www.apple.com/customer-letter.

21 "Best Marketing Strategy Ever! Steve Jobs Think Different /Crazy Ones Speech (with Real Subtitles)." YouTube, April 21, 2013. https://www.youtube.com/watch?

v=keCwRdbwNQY.

22 Albergotti, Reed. "Apple's 'Show Time' Event Puts the Spotlight on Subscription Services." *Washington* Post. Washington Post, March 25, 2019. https://www. washingtonpost.com/technology/2019/03/25/apple-march-event-streaming-news-subscription.

第五章 微软：萨提亚·纳德拉和微软的东山再起

1 Cook, John. "After the Writedown: How Microsoft Squandered Its $6. 3B Buy of Ad Giant aQuantive." *GeekWire*. GeekWire, July 12, 2012. https://www.geekwire. com/2012/writedown-microsoft-squandered-62b-purchase-ad-giant-aquantive/.

2 Bishop, Todd. "Microsoft's 'Lost Decade'? Vanity Fair Piece Is Epic, Accurate and Not Entirely Fair." *GeekWire*. GeekWire, July 4, 2012. https://www.geekwire. com/2012/microsofts-lost-decade-vanity-fair-piece-accurate-incomplete.

3 Eichenwald, Kurt. "How Microsoft Lost Its Mojo: Steve Ballmer and Corporate America's Most Spectacular Decline." *Vanity Fair*. Vanity Fair, July 24, 2012. https://www.vanityfair.com/news/business/2012/08/microsoft-lost-mojo-steve-ballmer.

4 Bishop, Todd. "Microsoft Names Satya Nadella CEO; Bill Gates Stepping Down as Chairman to Serve as Tech Adviser." *GeekWire*. GeekWire, February 4, 2014. https://www.geekwire.com/2014/microsoft-ceo-main.

5 Fontana, John. "Microsoft Tops $60 Billion in Annual Revenue." Network World, July 17, 2008. https://www.networkworld.com/article/2274218/microsoft-tops--60-billion-in-annual-revenue.html.

6 Romano, Benjamin. "Microsoft Server and Tools Boss Muglia Given President Title." *Seattle Times*. Seattle Times Company, January 6, 2009. https://www. seattletimes.com/business/microsoft/microsoft-server-and-tools-boss-muglia-

given-president-title.

7   D'Onfro, Jillian. "Here's a Reminder Just How Massive Amazon's Web Services Business Is." *Business Insider*. Business Insider, June 16, 2014. https://www. businessinsider.com/amazon-web-services-market-share-2014-6.

8   Foley, Mary Jo. "Meet Microsoft's New Server and Tools Boss: Satya Nadella." *ZDNet*, February 9, 2011. https://www.zdnet.com/article/meet-microsofts-new-server-and-tools-boss-satya-nadella.

9   Warren, Tom. "Microsoft Writes Off $7. 6 Billion from Nokia Deal, Announces 7,800 Job Cuts." *Verge*. Vox, July 8, 2015. https://www.theverge. com/2015/7/8/8910999/microsoft-job-cuts-2015-nokia-write-off.

10 "Satya Nadella Email to Employees on First Day as CEO." Microsoft News Center, February 4, 2014. https://news.microsoft.com/2014/02/04/satya-nadella-email-to-employees-on-first-day-as-ceo.

11 Nadella, Satya. *Hit Refresh: The Quest to Rediscover Microsoft's Soul and Imagine a Better Future for Everyone*. New York: HarperCollins, 2017.

12 Choney, Suzanne. "Microsoft Garage Expands to Include Exploration, Creation of Cross-Platform Consumer Apps." *Fire Hose* (blog), October 22, 2014. https:// web.archive.org/web/20141025020143/http://blogs.microsoft.com/firehose/2014/ 10/22/microsoft-garage-expands-to-include-exploration-creation-of-cross-platform-consumer-apps.

13 Lunden, Ingrid. "Microsoft Forms New AI Research Group Led by Harry Shum." *TechCrunch*. TechCrunch, September 29, 2016. https://techcrunch. com/2016/ 09/29/microsoft-forms-new-ai-research-group-led-by-harry-shum.

14 MasterBlackHat. "Steve Ballmer—Dance Monkey Boy!" YouTube, December 28, 2007. https://www.youtube.com/watch?v=edN4o8F9_P4.

15 Cornet, Manu. "Organizational Charts." Accessed October 7, 2019. http:// bonkersworld.net/organizational-charts.

16 Dweck, Carol S. *Mindset: The New Psychology of Success*. New York: Random House, 2007.

17 Bishop, Todd. "Exclusive: Satya Nadella Reveals Microsoft's New Mission Statement, Sees 'Tough Choices' Ahead." *GeekWire*. GeekWire, June 25, 2015. https://www.geekwire.com/2015/exclusive-satya-nadella-reveals-microsofts-new-mission-statement-sees-more-tough-choices-ahead.

18 Kim, Eugene. "Microsoft CEO Satya Nadella Just Used an iPhone to Demo Outlook." *Business Insider*. Business Insider, September 16, 2015. https://www.businessinsider.com/microsoft-ceo-satya-nadella-used-iphone-2015-9.

19 Bass, Dina, and Ian King. "Microsoft Unveils Biggest Reorganization in Years." *Bloomberg*. Bloomberg, March 29, 2018. https://www.bloomberg.com/news/articles/2018-03-29/microsoft-unveils-biggest-reorganization-in-years-as-myerson-out.

20 Nadella, Satya. "Satya Nadella Email to Employees: Embracing Our Future: Intelligent Cloud and Intelligent Edge." Microsoft News Center, March 29, 2018. https://news.microsoft.com/2018/03/29/satya-nadella-email-to-employees-embracing-our-future-intelligent-cloud-and-intelligent-edge.

21 Lunden, Ingrid. "Microsoft Officially Closes Its $26. 2B Acquisition of LinkedIn." *TechCrunch*. TechCrunch, December 8, 2016. https://techcrunch. com/2016/12/08/microsoft-officially-closes-its-26-2b-acquisition-of-linkedin/.

22 Warren, Tom. "Microsoft's Bets on Surface, Gaming, and LinkedIn Are Starting to Pay Off." *Verge*. Vox, April 26, 2018. https://www.theverge.com/2018/4/26/17286900/microsoft-q3-2018-earnings-cloud-surface-linkedin-revenue.

23 Gershgorn, Dave. "Amid Employee Uproar, Microsoft Is Investigating Sexual Harassment Claims Overlooked by HR." *Quartz*. Quartz, April 4, 2019. https://qz.com/1587477/microsoft-investigating-sexual-harassment-claims-overlooked-by-hr/.

第六章 凝望黑镜

1   Brooker, Charlie. "Charlie Brooker: The Dark Side of Our Gadget Addiction."
    Guardian. Guardian, December 1, 2011. https://www.theguardian.com/technology/
    2011/dec/01/charlie-brooker-dark-side-gadget-addiction-black-mirror.

2   "Charlie Brooker on Black Mirror vs Reality | Good Morning Britain." *Good
    Morning Britain*. YouTube, October 30, 2018. https://www.youtube.com/watch?
    v=Na-ZIwy1bNI.

3   Vogel, Kenneth P. "Google Critic Ousted from Think Tank Funded by the Tech
    Giant." *New York Times*. New York Times, August 30, 2017. https://www.nytimes.
    com/2017/08/30/us/politics/eric-schmidt-google-new-america.html.

4   "Trends and Facts on Newspapers: State of the News Media." Pew Research
    Center's Journalism Project. Pew Research Center, July 9, 2019. https://www.
    journalism.org/fact-sheet/newspapers.

5   Grieco, Elizabeth. "U. S. Newsroom Employment Has Dropped a Quarter since
    2008, with Greatest Decline at Newspapers." Pew Research Center, July 9, 2019.
    https://www.pewresearch.org/fact-tank/2019/07/09/u-s-newsroom-employment-
    has-dropped-by-a-quarter-since-2008.

6   Metz, Cade. "When the A. I. Professor Leaves, Students Suffer, Study Says."
    New York Times. New York Times, September 6, 2019. https://www.nytimes.
    com/2019/09/06/technology/when-the-ai-professor-leaves-students-suffer-study-
    says.html.

7   Matheson, Boyd. "Why Do We Hate Each Other? A Conversation with Nebraska
    Sen. Ben Sasse (Podcast)." *Deseret News*. Deseret News, October 17, 2018.
    https://www.deseret.com/2018/10/17/20656288/why-do-we-hate-each-other-a-
    conversation-with-nebraska-sen-ben-sasse-podcast.

8   Sasse, Ben. *Them: Why We Hate Each Other—and How to Heal*. New York: St. Martin's

Press, 2018.

9   Turkle, Sherry. *Alone Together: Why We Expect More from Technology and Less
     from Each Other*. New York: Basic Books, 2012.

10   "Cigna U. S. Loneliness Index." Cigna, May, 2018, https://www.multivu.
     com/players/English/8294451-cigna-us-loneliness-survey/docs/IndexReport_
     1524069371598-173525450.pdf.

11   Ravitz, Jessica. "Is the Internet Killing Religion?" *CNN*. CNN, April 9, 2014. http://
     religion.blogs.cnn.com/2014/04/09/is-the-internet-killing-religion/comment-
     page-6/.

12   Downey, Allen. "Religious Affiliation, Education and Internet Use." *Religious
     Affiliation, Education and Internet Use*, 2014.

13   Shermer, Michael. "The Number of Americans with No Religious Affiliation Is
     Rising." *Scientific American*. Scientific American, April 1, 2018. https://www.
     scientificamerican.com/article/the-number-of-americans-with-no-religious-
     affiliation-is-rising.

14   Kastrenakes, Jacob. "Facebook Adds New Group Tools as It Looks for 'Meaningful'
     Conversations." *Verge*. Vox, February 7, 2019. https://www.theverge.com/2019/
     2/7/18215564/facebook-groups-new-community-tools-mentorship.

15   Ortutay, Barbara. "Facebook Wants to Nudge You into 'Meaningful' Online
     Groups." *AP News*. Associated Press, June 22, 2017. https://www.apnews.com/71
     3f8f66e88b45828fd62b1693652ee7.

16   Syverson, Andrea. "Commentary: Can Facebook Replace Churches?" *Salt Lake
     Tribune*. Salt Lake Tribune, July 6, 2017. https://archive.sltrib.com/article.php?
     id=5479818 & itype=CMSID.

17   Kight, Stef W. "Life Expectancy Drops in the U. S. for Third Year in a Row." *Axios*.
     Axios, November 29, 2018. https://www.axios.com/united-states-life-expectancy-
     drops-6881f610-3ca0-4758-b637-dd9c02b237d0.html.

18　"Drug and Opioid-Involved Overdose Deaths—United States, 2013–2017 |
　　MMWR." Centers for Disease Control and Prevention, January 4, 2019. https://
　　www.cdc.gov/mmwr/volumes/67/wr/mm675152e1.htm.

19　Godlasky, Anne, and Alia E. Dastagir. "Suicide Rate up 33% in Less than 20
　　Years, Yet Funding Lags Behind Other Top Killers." *USA Today*. Gannett
　　Satellite Information Network, December 21, 2018. https://www.usatoday.com/in-
　　depth/news/investigations/surviving-suicide/2018/11/28/suicide-prevention-
　　suicidal-thoughts-research-funding/971336002.

20　Boddy, Jessica. "The Forces Driving Middle-Aged White People's 'Deaths of
　　Despair.'" *NPR*. NPR, March 23, 2017. https://www.npr.org/sections/health-
　　shots/2017/03/23/521083335/the-forces-driving-middle-aged-white-peoples-
　　deaths-of-despair.

21　Cox, Jeff. "September Unemployment Rate Falls to 3. 5%, a 50-Year Low, as
　　Payrolls Rise by 136,000." *CNBC*. CNBC, October 4, 2019. https://www.cnbc.
　　com/2019/10/04/jobs-report---september-2019.html.

22　Khatchadourian, Raffi. "The Doomsday Invention." *New Yorker*. New Yorker,
　　November 23, 2015. https://www.newyorker.com/magazine/2015/11/23/
　　doomsday-invention-artificial-intelligence-nick-bostrom.

23　Bostrom, Nick. *Superintelligence: Paths, Dangers, Strategies*. Oxford, UK: Oxford
　　University Press, 2014.

第七章　未来的领导者

1　McGregor, Douglas. *The Human Side of Enterprise*. New York: McGraw-Hill, 1960.

2　Ouchi, William G. *Theory Z: How American Business Can Meet the Japanese
　　Challenge*. New York: Avon, 1993.

3   "About ILR." ILR School, Cornell University. Accessed October 6, 2019. https://
     www.ilr.cornell.edu/about-ilr.

4   ILR, Cornell. "Cornell University's ILR School: The Early Years." YouTube,
     November 18, 2015. https://www.youtube.com/watch?v=ED1DZQj2dBQ.

5   Ricau, Pierre-Yves. "A Silent Meeting Is Worth a Thousand Words." *Square Corner
     Blog*. Medium, September 4, 2018. https://medium.com/square-corner-blog/a-
     silent-meeting-is-worth-a-thousand-words-2c7213b12fb6.

6   Grant, Adam. "What Straight-A Students Get Wrong." *New York Times*. New
     York Times, December 8, 2018. https://www.nytimes.com/2018/12/08/opinion/
     college-gpa-career-success.html?module=inline.

7   Hensley-Clancy, Molly. "What Happened to the $100 Million Mark Zuckerberg
     Gave to Newark Schools?" *BuzzFeed News*. BuzzFeed News, October 8, 2015.
     https://www.buzzfeednews.com/article/mollyhensleyclancy/what-happened-to-
     zuckerbergs-100-million.

8   Flaccus, Gillian, and Geoff Mulvihill. "Amid Booming Economy, Homelessness
     Soars on US West Coast." *Associated Press*. AP News, November 9, 2017. https://
     apnews.com/d480434bbacd4b028ff13cd1e7cea155.

9   Feiner, Lauren. "Amazon Donates $8 Million to Fight Homelessness in HQ
     Cities Seattle and Arlington." *CNBC*. CNBC, June 11, 2019. https://www.cnbc.
     com/2019/06/11/amazon-donates-8-million-to-fight-homelessness-in-seattle-
     arlington.html.

10   Giridharadas, Anand. *Winners Take All*. New York: Random House, 2019.

11   Feiner, Lauren. "Amazon Will Get Up to $2. 2 Billion in Incentives for Bringing
     New Offices and Jobs to New York City, Northern Virginia and Nashville."
     CNBC. CNBC, November 13, 2018. https://www.cnbc.com/2018/11/13/amazon-
     tax-incentives-in-new-york-city-virginia-and-nashville.html.

12   Semuels, Alana. "How Amazon Helped Kill a Seattle Tax on Business." *Atlantic*.

Atlantic Media Company, June 13, 2018. https://www.theatlantic. com/technology/ archive/2018/06/how-amazon-helped-kill-a-seattle-tax-on-business/562736.

13　Honan, Mat, and Alex Kantrowitz. "Mark Zuckerberg Has Baby and Says He Will Give Away 99% of His Facebook Shares." *BuzzFeed News*. BuzzFeed News, December 1, 2015. https://www.buzzfeednews.com/article/mathonan/mark-zuckerberg-has-baby-and-says-he-will-give-away-99-of-hi.

14　Dastin, Jeffrey. "Amazon Scraps Secret AI Recruiting Tool That Showed Bias Against Women." *Reuters*. Thomson Reuters, October 9, 2018. https://www. reuters.com/article/us-amazon-com-jobs-automation-insight/amazon-scraps-secret-ai-recruiting-tool-that-showed-bias-against-women-idUSKCN1MK08G.

15　Ratcliffe, Susan. *Oxford Essential Quotations*. Oxford, UK: Oxford University Press, 2016.

16　"NITAAC Solutions Showcase: Technatomy and UI Path." YouTube, March 29, 2019. https://youtu.be/IakpZK9q6ys.